做幸福教师
育快乐学生

我的
"星语"
故事

陈伟 / 编著

新华出版社

图书在版编目（CIP）数据

做幸福教师，育快乐学生：我的"星语"故事/陈伟编著.
—北京：新华出版社，2023.7
ISBN 978-7-5166-6916-7

Ⅰ.①做… Ⅱ.①陈… Ⅲ.①教育—文学 Ⅳ.
①G4-53

中国国家版本馆CIP数据核字（2023）第138135号

做幸福教师，育快乐学生：我的"星语"故事

编　　著：陈　伟

责任编辑：蒋小云　　　　　　　　封面设计：中尚图

出版发行：新华出版社
地　　址：北京石景山区京原路8号　　邮　　编：100040
网　　址：http://www.xinhuapub.com
经　　销：新华书店
　　　　　新华出版社天猫旗舰店、京东旗舰店及各大网店
购书热线：010-63077122　　　　中国新闻书店购书热线：010-63072012

照　　排：中尚图
印　　刷：炫彩（天津）印刷有限责任公司

成品尺寸：240mm×170mm，1/16
印　　张：14　　　　　　　　　　字　　数：192千字
版　　次：2023年7月第一版　　　印　　次：2023年7月第一次印刷
书　　号：ISBN 978-7-5166-6916-7
定　　价：78.00元

序 言

近三年以来，我觉得自己的"泪点"明显地降低了，常常为身边的一些人、一些事所感动，再加上这三年从零起步创办上星学校，我的教育理想与实践各种交织，感受尤其深刻。

高兴的是，我的教育理念和办学理念还是得到了大多数人的认同。人们常说两个人的认识是始于颜值，敬于才华，合于性格，久于善良，终于人品，而我希望上星的故事是"始于理念，终于质量"。三年来，很多从别的区、别的学校商调过来的老师告诉我，正是理念上的认同，坚定了他们来上星的决心。

当然，这种被认同的感觉也促使我不断反思，不断修正，努力把理念融进实践。无论是在学校管理上、硬件建设上还是教育教学事务上，我都力争不辜负这群离开生活舒适圈、千里来投的同行者，务必使他们体验到职业幸福感。

于是我记录了上星学校一个又一个故事，确保自己时刻保持清醒的认识，不至于忘记最初的理想。

时至今日，疫情的雾霾逐渐退散，人们对未来充满希望。上星学校亦驶入发展的快车道，从第一年6个班、第二年19个班到第三年34个班，办学规模扩张速度超乎意料。难能可贵的是，学校在极速扩张的势头下，还保持了高水准的办学质量。学校省、市、区课题相继成功立项，一大批教师在深圳市、宝安区青年教师基本功比赛中表现优异，取得佳绩。

在一切欣欣向荣之际，我的这一系列教育故事也即将结册出版，不知道这些故事能否感动大家，至少我深深为之感动。

学校建设历程

　　回首过去，上星学校即将走过第三个年头。如果与那些几十年甚至上百年的老校比起来，上星学校实在是太年轻了，甚至堪称"稚嫩"。不过，三年虽短，对于身处其中的每一个上星人来说，却是一段实实在在的峥嵘岁月。我很想将这三年的经历拿出来讲一讲，大家姑且听一听我们的历史。

　　我从塘头学校调到上星学校任校长的文件落款时间是 2019 年 12 月。当时具体参加学校筹备工作的人只有我和朱校、王东主席、方练青主任和古添香五人。学校只能算是一摊泥地，甚至在地图上都没有坐标。站在工地中央，望着满眼的黄土堆、泥水坑，我满心惆怅和焦急，就像那天的连绵阴雨一样。我一直想着："9 月份就要开学，现在这副样子可让我怎么办？"好在工期虽然紧张，但我们全体筹备人员都不辞辛劳，早早做起了准备，当务之急是我们要给自己找一个办公室。

　　龙海物业 306，这是每一个上星人都有必要知道的地方，因为当初我们就是在那里规划和想象上星学校未来的种种模样。那里的位置其实不太好找，

上星学校及幼儿园 2019.11.12

停车不便，离学校也有一定距离，但人生地不熟的我们也没有更好的选择。

那么，开工吧！拉上电话线，接上网络，办公桌椅先借用，电脑也是借用的。就这样，学校前期筹备人员算是正式入驻了。

张勤鑫是学校招聘的第一个员工，她在面试时，给主席留下了良好的印象，后来就直接约她过来。这里还有个小插曲，当时给她发的微信定位是沙都世纪酒店，因为龙海物业前面就是酒店。陌生的电话约来面试，又发过来一个酒店定位，这当然免不了一番解释，特别要安排带她过去看看建设中的学校，以证明我们是真正的公办单位。就这样，2020年4月，学校第一个员工正式入职了。人是过来了，住哪里呢？这次我们决定要选离学校近一点的，就委托原单位同事在丽莎花都小区租了一套三室一厅的房子做宿舍。

办学事务接踵而至，摆在面前的就是招生宣传。因为是新校，很多人不了解我们，第一年的招生宣传工作显得尤其重要，于是我们在筹备办公室热火朝天地讨论了起来。几轮商讨下来，最后的结果是找人制作上星学校第一届招生宣传片。随之，其他工作也陆续展开，开通学校银行开户、建立人事系统、建立公积金账户、建立社保账户、开通税务账户，等等。所幸先期筹备人员经验比较丰富，有条不紊地推进各项开办工作。

工作顺利进入正轨，不想生活上又遇到了挑战，那就是午餐怎么解决。连续吃了一周外卖，大家都觉得不能这样下去，总不能连续吃半年外卖吧！于是我们一合计，决定自己动手，丰衣足食，午餐干脆自己做！想不到的是，

这居然开启了大家的"幸福"时光。每天中午谁来做饭、做什么菜成了最热门的话题。为了给大家换换口味，主席从网上买来砂锅煮腊味煲仔饭，方练青主任做潮州蚝仔烙，在家十指不沾阳春水的古添香主任也研发各种新菜式，一边用手机查菜谱，一边学着炒菜……后来，人员不断增加，饭桌也渐渐变得拥挤起来，最多的时候是两桌双拼，十几个菜，主厨就是主席。经过这一段时间的磨炼，他的厨艺大涨，至今还常常有人提到当

时他做的蒜泥白肉，令人食指大动。

　　招生宣传相当成功，黄沃汉老师设计的学校 Logo 得到大家的高度认可，一切都进展顺利。我们在龙海物业陆续面谈、面试了一些新教师。颜昌绪老师便是学校吸引过来的第一位国内一流院校毕业生。当时我们就在简陋的筹备办公室里，和这位清华大学刚毕业的研究生面对面交流，给他介绍上星学校的办学前景。与其说他和上星学校有缘分，不如说是我们的真诚打动了他，抑或是上星学校美好的办学愿景吸引了他，最终他放下所有顾虑来到上星学校，成为上星学校第一位名校合伙人。2020 年 9 月，他站上了一年级的讲台；2021 年 9 月，他如愿站上了七年级的讲台。

　　就这样，上星学校第一年的师资队伍基本成型，学校硬件建设也在加班加点赶进度，但是校园核心文化却一直没有定论。这期间，"上"和"星"这两个字经常在我的脑海里浮现，怎样诠释"上星"二字呢？一句话给了我灵感，"上驷"这两个字第一次这么显眼地出现在我眼前，我直觉地意识到，这是一个很重要的关键词，于是我和主席展开了研究，后来就有了我们提出的"上驷云集·星汉灿烂"，现在学校的接待室里还挂着这样的一幅

字。这八个字一出，学校文化就基本定调。在宝安区新校建成使用仪式上，学校的巨型长联"上驷云集汇聚天下英才而教育之，星汉灿烂试看未来栋梁可夺目乎"让人记忆犹新。

时至今日，用"上驷云集·星汉灿烂"形容现在的上星学校可能还为时过早，但已初显端倪。开办第一年，学校迎来了一年级的小朋友，但许多老师之前一直在初中任教，不免担忧招架不住"调皮"的小朋友。于是，我找这些老师一一谈心。我告诉他们，来到上星学校之前，我也没有小学管理经验，但孩子的天性是真挚而善良的，只要我们用心、用情、用爱去对待他们，我相信大家都能胜任小学教学工作。开学当天，所有老师穿戴整齐，手牵着手领着小朋友们走进学校。课堂上，曾经的初中老师们个个洒脱自如，孩子们更是学得津津有味，好不快乐。看着孩子们脸上纯粹的笑容，我们心中的一切顾虑和担忧都烟消云散了。

在这一年中，涌现了诸多优秀的青年教师，其中成长最快的，当属入职第二年便担任级长的唐琳老师。本硕皆毕业于北京师范大学的唐琳老师专业过硬，第一年便在各类比赛中取得奖项，活泼灵动的教学风格受到众多小朋友们的喜爱。虽然多次被孩子们气到流泪，但是唐老师始终亲切地呵护着这群孩子。于是第二年大家一致决定，委任唐琳老师担任小学一年级级长。

第二年，学校迎来了初中七年级和小学二年级、四年级、五年级插班生，得益于老师们强大的综合素质、丰富的教学经验、扎实的教学功底，学校五

年级抽测、七年级学情调研都取得了不俗的成绩。

　　开办三年来，在全体教职工的努力下，学校不仅硬件建设在宝安区内首屈一指、文化建设得到一致好评，办学成绩也在各级各类检测中名列宝安区前列。学校发展蒸蒸日上，声名渐显，也正因此，宝安区教育局又给我们压了新的担子，要上星学校负责筹备建设一所新的九年一贯制公办学校——新桥东学校。

　　如果你要问我筹备一所学校的感受，我会告诉你，就如同亲手种下一颗种子，天天浇水，看着它生根、发芽、成长、开花，最终看着它长成参天巨树。重要的不是结果，而是我们参与并见证了它生长的全过程。感谢在建设上星学校过程中给予我帮助的所有人。春寒料峭中有我们执着的追求，夏雨磅礴里有我们跋涉的身影，秋风瑟瑟间有我们勃发的激情，冬雪飘下时有我们坚定的足迹。未来，我们将再接再厉，以高质量教育为目标，以不懈奋进、不断超越的精神办人民满意的教育，办市民满意的学校。

目 录

第一辑

课程，为孩子发展奠基

★ 给孩子们的一封信

　　金秋九月，又是一年开学季，熟悉的面孔重返校园，新鲜的血液注入活力。每当这个时候，我总会收到一份厚重而温暖的礼物——来自孩子们的信。即使上星学校建校只有三年，但书信来往似乎成了我们的传统，在如今电子信息蓬勃发展的背景下，书信更显弥足珍贵。每次收到孩子们的来信，我总是满怀期待：孩子们会说些什么呢？他们会分享自己的心情与心事吗？他们喜欢上星学校和老师们吗？带着期许，我翻开了这份礼物。

　　一封封来信展开，亦是一个个孩子的心声传达。小学部的弟弟妹妹们才艺卓绝，巧手生花，用各式各样的手工作品表达自己的愿望，发出了做客邀请，彰显"上星学子"风采。初中部的哥哥姐姐们才调秀出，字里行间表达出拼搏向上的奋斗热情。无论是小学部五彩缤纷的多样卡片，还是初中部简朴有力的诚挚来信，都表达了对上星校园美景的赞美，以及对知识渊博的上星老师的敬佩。孩子们的认可是对老师和学校最好的嘉奖，学校教育教学工作稳步推进，学生发展蓬勃向上，我倍感欣慰，也充满动力。

　　来而不往，非礼也。面对孩子们的真切情感，作为校长，我要如何回信呢？我要如何与孩子们对话呢？我要如何为他们答疑解惑呢？我要如何表达对他们的激励、鼓舞与爱呢？我细细思索着。

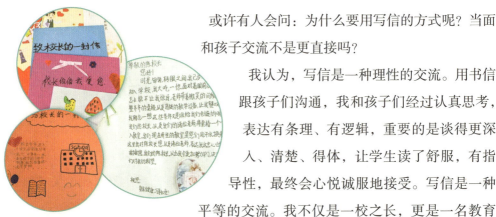

或许有人会问：为什么要用写信的方式呢？当面和孩子交流不是更直接吗？

我认为，写信是一种理性的交流。用书信跟孩子们沟通，我和孩子们经过认真思考，表达有条理、有逻辑，重要的是谈得更深入、清楚、得体，让学生读了舒服，有指导性，最终会心悦诚服地接受。写信是一种平等的交流。我不仅是一校之长，更是一名教育工作者，重视学生的教育与发展是我的本能。我希望用书信的方式沟通，淡化校长与学生的身份意识，一写一回，酷似好朋友在谈心。写信是一种可以重温的交流。话语的交流会随着时间的流逝而渐渐淡出记忆，而信件能够长久保存、翻阅，是一次不会被遗忘的交流，可在不同的时间重温，或许能在孩子们的心里留下不一样的回忆。写信是一种保护自尊的交流。用写信的方式鼓励他们，他们欢喜；用写信的方式指出有待改进之处，他们易于接受。批评在不声不响的"私密"空间中进行，既保护了学生的自尊心，又能达到教育的效果。

这薄薄的书信中蕴含着情，蕴含着爱。教育植根于爱，爱是教育的真谛。有爱做基础，自然会产生好的教育效果。这种教育方式的运用，正是站在了学生的立场上。深入洞察学生的内心世界，和学生敞开心扉交流，才能实现"一把钥匙开一把锁"。爱自己的学生，是每一位老师的责任。懂自己学生，更需要每一位老师耐心去沟通。只有懂孩子的老师，才能教育好孩子子。对小学部的孩子们，我会热情回应他们激动而浓烈的感

情，希望他们快乐读书、读书快乐，并表达我对他们成为一个"让人因我的存在而感到幸福"的人的期盼。对于初中部的孩子们，我会鼓励他们为自己的梦想而拼搏，希望他们明确目标、脚踏实地、修身养德，做一名全面发展的上星少年。我想通过书信的方式，鼓励孩子们勇敢面对生活，营造自己的生活圈和成长空间，让他们有机会做自己的主人，并一步步接近自己的梦想。

动人以言者，其感不深。动人以行者，其行必速。美育者，当与智育相辅而行。以仁治校，以爱执教，以诚待人，做孩子们的知心人，才可融教育与培育为一体。每一个孩子都应该被发现，被尊重，被信任，被理解，被支持。而我要做的，就是通过书信让孩子看到自己的优势，感受到学校及老师对他的关爱、鼓励与期盼，增加自己的信心，让他有足够的底气去争取自己的愿望，去追逐自己的梦想，成为那个快乐学生。

卡尔·罗杰斯说："倾听，是建立深层关系的一把钥匙。"教育孩子，我们不要做一个滔滔不绝的"导游"，不要做一个评判是非的"法官"，也不要做一个勤于追问的"户口调查员"，而是要做一个善于倾听的"记者"，知道孩子在想什么，了解孩子兴趣，激发孩子潜能，帮助孩子成长。无限相信沟通的力量，是教育信仰的真谛之一。我希望通过写信的方式，架起一座心与心沟通的桥梁，让上星学校这把钥匙随心而变，开启每一位上星学子的心锁！

★ 给七年级孩子上思政课

　　百年大计，教育为本。教育要义，思政为先。打造中小学思政课是当下大中小学思政课一体化的必然要求，也是对思政课进一步创新的应有之举。2019 年 8 月，中共中央办公厅、国务院办公厅印发《关于深化新时代学校思想政治理论课改革创新的若干意见》，并要求"统筹大中小学思政课一体化建设，推动各类课程与思政课建设形成协同效应"。基于思政课的重要性，作为上星学校的校长，我一直高度重视本的大思政课建设，力求打造上星特色的思政课程，立德树人、培根铸魂。为此，2022 年 11 月 3 日，我为七年级学生认真准备了一堂以"强国有我，牢记使命"为主题的思政课。力求以生动的形式和清晰的历史脉络帮助孩子们更好地了解党的历史和深圳发展史，牢记强国使命。

2022年春季学期宝安区中小学校
党组织书记、校长"思政第一课"案例

一、案例主题

本案例主题为"强国有我 牢记使命"。

二、案例意义

"强国有我 牢记使命"思政课能培根铸魂。本节课让学生了解深圳的发展与党的历史上三次决议之间的关联，了解深圳发展历史，让学生逐步树立爱国爱党的情怀和意识，让学生明白实现中华民族伟大复兴的中国梦，是一项长期而艰巨的历史任务，必然面临无数风险挑战，要靠全国各族人民特别是一代又一代青年的接续奋斗才能实现。从而引导学生思考，如何在生活中践行"强国有我"的思想。所谓"纸上得来终觉浅，绝知此事要躬行"，学生应树立理想信念和正确的三观，刻苦学习，提升综合素质，砥砺自我，培养坚强意志。

三、案例描述

（一）目标确定

情感态度与价值观：风雨百年，中国共产党引领我们一路走来。作为少先队员，应该不忘坚定不移跟党走的初心，继承革命先辈的光荣传统，学党史、强信念、听党话、跟党走，努力成长

为担当民族复兴大任的时代新人。

能力目标：刻苦学习，提升综合素质，砥砺自我，培养坚强意志。

知识目标：了解党的历史上的三次决议，了解深圳的历史。

（二）学习重点难点

教学重点：让学生体会到"强国有我"，牢记使命。

教学难点：了解党的历史上的三次决议。

（三）学习活动设计

环节一：党的三次决议	
活动一：党的第三次决议	
教师活动： 【视频播放】 　　播放视频《中共中央关于党的百年奋斗重大成就和历史经验的决议》，了解十九届六中全会中党的第三次决议。	学生活动 【了解党的第三次决议】 　　中国共产党的事业发展走到了一个新的历史节点；我国正面临着两个大局，一个是中华民族伟大复兴的战略全局，一个是世界百年未有之大变局。 　　这个决议确立的史观，有助于破除一些人头脑里的新型教条主义，更进一步理解新时代的深刻本质。
设计意图 　　通过观看视频，学生思考党的第三次决议给我们带来了哪些变革，激发学生学习兴趣，引发学生深度思考。	
活动二：党的第一次决议	
教师活动： 【文字展示】 　　让学生了解六届七中全会《关于若干历史问题的决议》，了解第一次决议。	学生活动： 【了解党的第一次决议】 　　延安整风运动的重要成果。 　　《决议》对党在历史上的若干问题，特别是对以王明为代表、以教条主义为特征的"左"倾错误作了详细结论。
设计意图：通过文字展示和老师讲解，学生思考党的第一次决议给我们带来了哪些变革，引发学生深度思考。	

续表

环节一：党的三次决议	
活动二：党的第二次决议	
教师活动	学生活动
【文字展示】	【了解党的第二次决议】
让学生了解十一届六中全会《关于建国以来党的若干历史问题的决议》，了解第二次决议。	我国正处在改革开放新时期解放思想、拨乱反正的历史转折之中。 　　对于高举中国特色社会主义伟大旗帜，坚持和拓展中国特色社会主义道路，坚持和丰富中国特色社会主义理论体系，坚持和完善中国特色社会主义制度，有着重大和深远的意义。
设计意图：通过文字展示和老师讲解，学生思考党的第二次决议给我们带来了哪些变革，引发学生深度思考。	
环节二：深圳的历史发展	
教师活动	学生活动
【图片、文字展示】	【观看图片】
让学生了解深圳的历史。 　　1.20 世纪 70 年代，渔民村的简陋住房。 　　2.20 世纪 70 年代，水库新村稻田。	1. 1979 年 7 月 20 日，深圳的一声炮响，拉开了经济特区的建设序幕，蛇口经验和深圳模式成为改革开放的试验田。 　　2. 20 世纪 80 年代，深圳经济特区建设呈现一派火热景象。 　　3. 1982 年，两万基建工程兵南下进驻深圳，成为深圳建设的主力军。 　　4. 1984 年，小平同志视察深圳后题词：深圳的发展和经验证明，我们建立经济特区的政策是正确的。 　　深圳，简称"深"，别称"鹏城"，是中国四大一线城市之一，改革开放经济特区，地理位置优越，经济发展迅速。
设计意图：让学生了解深圳历史，更加热爱深圳，感悟深圳是在党的三次决议中逐步发展起来的。	

环节三：勇担使命	
教师活动 【文字讲解】 　　少年强则国强。	学生活动 【资料感悟】 　　青年是祖国的未来，民族的希望，青年兴则国家兴，青年强则国家强。决胜全面建成小康社会，夺取新时代中国特色社会主义伟大胜利，实现中华民族伟大复兴的中国梦，是一项长期而艰巨的历史任务，必然面临无数风险挑战，要靠全国各族人民特别是一代又一代青年的接续奋斗才能实现。
教师活动 【文字讲解】 　　守护五星红旗、维护国家尊严，祖国时刻在我们心中。	学生活动 【资料感悟】 　　五星红旗是中华人民共和国的象征和标志。维护国旗的尊严，就是维护国家、民族和全体中国人民的尊严。
教师活动 【文字讲解】 　　传承红色基因、培育家国情怀，让自己与祖国共同成长。	学生活动 【资料感悟】 　　今年是中华人民共和国成立72周年，最好的纪念方式就是传承红色基因、赓续红色血脉、争当红色传人。红色基因，植根于革命先烈用鲜血染红的泥土中；红色火种，播撒进一代代国人心田里，成为我们精神的原点和初心。

续表

环节三：勇担使命	
教师活动 【文字讲解】 　坚定理想信念，树立青春榜样，积极投身祖国的建设。	学生活动 【资料感悟】 　青春理想，青春活力，青春奋斗，是中国精神和中国力量的生命力所在。从早年归国的邓稼先、钱学森，到近年科技报国的黄大年，一代代青年学子胸怀大志，刻苦学习，矢志报国，把学到的本领都奉献给了祖国和人民，让青春之光闪耀在为国家昌盛奋斗的道路上。
设计意图：引导学生结合实际，思考我们如何在生活中践行强国有我的思想：树立理想信念和正确的三观，刻苦学习，提升综合素质，砥砺自我，培养坚强意志；纸上得来终觉浅，绝知此事要躬行。	
教师总结：希望每一个学生都能成为阳光、勤奋、感恩、创新的人。	

（四）特色学习资源分析、技术手段应用说明

运用现代多媒体技术，视频播放、图片展示、幻灯片播放等技术，使得课堂更加生动活泼。

（五）教学反思与改进

教学思路：本节课的内容有一定高度和难度，理论性较强，本节课将重要思想逐步落实到位，条理清晰，逻辑鲜明，符合初中生的认知规律

策略方面：层层递进，带动学生思维，提高学生参与度，引导学生主动学习，主动探索，主动思考，采用图片展示、视频播放的方式，提高学生的参与度和学习兴趣的同时，强化了知识要点。

（六）学习评价设计

评价体系分为三个维度：自评、互评、师评，提高学生的参与度，培养学生的批判性思维；并且能够加深对知识的掌握。

四、案例反思

（一）实施效果
及成果

让学生了解了
深圳的发展与党的
历史上三次决议之
间的关联，了解深
圳发展历史，让学

生逐步树立爱国爱党的情怀和意识，让学生明白实现中华民族伟大复兴的中
国梦，是一项长期而艰巨的历史任务，必然面临无数风险挑战，要靠全国各
族人民特别是一代又一代青年的接续奋斗才能实现。

（二）存在的问题

缺乏理论和实践的结合。习近平总书记明确提出："思政课不仅应该在
课堂上讲，也应该在社会生活中来讲。"本节课涉及较多的理论知识，如党
的三次决议、深圳的发展史，但缺乏与实践的结合。

（三）改进思路

加强思政课理论性和实践性的结合。中学思政课教学不是纯理论的工
作，而是要将理论运用到学生的实际生活中去、运用到当代中国特色社会主
义建设的实践中去、运用到实现中华民族伟大复兴的中国梦中去。我们要的
不是纯粹讲理论的课堂，而是能够激发学生天性、挖掘学生潜力、启发学生
思维的课堂。具体而言，可以带学生到深圳红色基地，如深圳博物馆，深圳
革命烈士陵园等地游览参观，在游览中让学生体悟爱国情怀。

★ 家长博士大讲堂

从 2022 年 3 月起，我们发挥家长资源，邀请博士家长走进学校，常态化、课程化地开展"家长博士讲堂"系列活动，旨在发挥家长的行业特长，开发学校特色课程，助力学生多元发展，增进家校互动，推进家校协同育人。

一、开设"家长博士讲堂"，回应优质教育需求

上星学校位于深圳市宝安区新桥街道，是宝安区"十三五"规划重点民生实事项目，由万科地产规划设计建设而成，于 2020 年 9 月正式开办。学校各项设施先进，硬件条件一流，现代化气息浓厚，是一所面向未来、为未来培训优秀人才的新秀学校。

学校现有在校生 1650 人，90% 以上为深户。学生家长多为南山高新科技企业员工、公务员及周边企事业单位员工，家长的文化程度较高，25%左右为研究生学历，不乏博士研究生。

由于家长的文化素养较高、眼界开阔，对孩子、对教育、对学校均具有较高的期待值，对优质教育的需求更加迫切。同时，他们也可以为学校提供必要的课程支持，开设"家长博士讲堂"，更好地促进孩子全面发展，回应优质教育需求。

二、开设"家长博士讲堂"，打造学校特色课程

特色课程是学校课程建设体系的重要内容。作为一所未来型学校，我们的教育要面向现代化，面向世界，面向未来，必然要紧跟时代的步伐。我国"实行国家、地方、学校三级课程管理，增强课程对地方、学校及学生的适应
性"，我校为了学生个性发展和多元发展，在开发校本课程时努力做到国家课程和地方课程校本化、个性化的实施。由于我校家长文化程度较高，开展"家长博士讲堂"系列活动，将家长资源纳入学校特色课程体系建设，就是多样化、个性化、适切性的校本资源，为学校特色发展起到支撑作用。

"家长博士讲堂"活动方案

科技类	实践类	人文类
家电的低碳设计	茅洲河水质的变迁	阅读人生
声学技术与应用	走进红树林，感受生物的多样性	如何做一个贴近新时代的学生
学神奇"化学"，玩"表面"功夫	探寻仙湖植物园	做一个幸福的学习者
科技，改变世界	凤凰古村文化考察	我们怎样继承礼乐文明
揭秘杂交水稻之遗传变异与杂交优势产生原因	揭秘深圳固废处理中心	两宋文明之谜
……	……	……

三、开设"家长博士讲堂"，做完美的科普教育启蒙

高端家长资源能够应用于学校的教学，落实到课堂上，让孩子们真实受益，是上星学校打造"家长博士讲堂"的初心。家长博士们几乎都是在各领域有建树、有影响、有成就的专业人才，他们所具备的不仅是专业的学科知识，更可贵的是他们的科学精神、科学气质。在"家长博士讲堂"中，孩子们不仅可以了解到科学的神奇，更能从博士们身上发现坚韧、严谨的科学态度和工作作风。在和博士们的接触中，孩子们产生了一种期待、一种愿望、一种兴趣，心灵的探究之窗被一扇扇打开，科学的种子在心里萌发，科学的梦想从这里启航，这些都是科学教育启蒙的初衷。

2022年5月26日下午，上星学校"家长博士讲堂"的主讲嘉宾是学生家长范展博士，他围绕"声学技术与应用"主题，运用趣味性的语言，深入浅出地介绍了声呐的分类及工作原理，为同学们揭开了声呐的神秘面纱。

现场，范博士讲到潜艇是各国海军水下作战的重要平台，而水下环境并不是一马平川，狭窄航道中有礁石、沉船、水雷等各种障碍物，浮冰下更是危险重重。声呐作为潜艇在水下的眼睛，帮助其完成对水下目标的探测、定位和通信。范展博士还就语音识别技术与同学们进行了交流。

　　"当博士站在学生面前时，本身就已经激发了他们的好奇心。"在学校教学处魏军主任看来，家长博士给孩子们上课的另一种意义是树立榜样。当博士老师在课堂上讲述自己的求学、工作经历时，马上就能成为孩子眼中的"明星"，让向往学习、向往科学的种子深深地种在学生心里。

　　家校携手，共育未来。上星学校"家长博士讲堂"成了别开生面的家校共育课，为孩子们拓宽了视野，打开了知识之窗，也使家长成了学校的协作者、支持者。我想，只要孩子们喜欢，我们的"家长博士讲堂"一定会成为学校一门独特又优质的课程。

课程，为上星学子发展奠基

作为一所名企代建的现代化学校，学校建设与功能场馆具有时代感与艺术感，得到了每位到访上星学校的客人的高度评价。有的时候我也在想，一所好学校除了建筑、设备之外还有什么更重要的东西能让家长、学生和老师评价它的"好"呢？英国教育家斯宾塞指出："课程是引领孩子走向成功的重要途径。"他认为课程是跑道，是人生发展的轨迹，是通往美好生活的教育旅程。因此，能够让孩子在学校留下终身记忆并为他们的发展而奠基的，无疑就是课程。

著名教育家李希贵在《面向个体的教育》一书中提道："学校的核心产品就是课程。"既然是核心"产品"，学校就应该结合自身实际，做出有基础、有亮点、有特色的产品设计。基于此，为贯彻落实教育部印发的《基础教育课程改革纲要（试行）》和深圳市教育局印发的《深圳市九年义务教育课程计划》等文件精神，在推进学校课程规划的过程中，上星学校以"尊重生命，遵循规律"为前提建构了基础课程、拓展课程、综合课程、特色课程四个维度的"星"课程结构体系。

一、课程设计理念

"让每一个孩子都闪光"作为学校课程理念，是建立在对"做幸福老师，育快乐学生"的学校核心文化基础之上提出来的。每一个学生都是独一无二的生命个体，他们的天赋和秉性、兴趣和爱好千差万别。课程是塑造学生心智模式的重要工具，有什么样的课程，就会有什么样的思维模式和行为方式。学校要做的就是要帮助每一个学生完善人格，促进全面发展，也就是通过国家课程、地方课程以及多元、丰富、特色的校本课程，让每一个学生在德智体美劳等方面的素质都得到全面提高，个性特长得到发展，人格得到完善。

二、课程定位

一轴：全面发展。

两翼：小学、中学。

三级：国家课程、地方课程、校本课程。

四维：基础课程、拓展课程、综合课程、特色课程。

五域：人文社科、科技创新、生活健康、艺术审美、公民社会。

六素：人文底蕴、科学精神、学会学习、健康生活、责任担当、实践创新。

三、课程特色

固本：根植爱国主义、弘扬优秀传统文化、培养终身学习习惯。

开放：立足国家课程、研发校本课程、引进优质课程、提供自选课程。

融合：国家课程与校本课程融合、学校课程与社区资源融合、学科课程与综合课程融合。

创新：课程目标面向未来、空间建设为课程赋能、跨界融合共生共长。

四、课程架构

（一）基础课程

国家必修课程为基础性课程。学校坚持全面落实国家课程方案，开全、开足必修课程；坚持基于课程标准实施教学，从课程实施上为学生夯实目标基础；坚持基于学生发展改进教学策略，从能力培养上为学生奠定可持续发展的基础。同时严格落实国家有关阳光体育的规定，让其进入课程表，定计划、定时间、定专人、定内容、定反馈，确保每位学生每天在校进行一小时体育活动。

（二）拓展课程

星"育"课程提升学生的人文素养与社会责任感。培正、固本、明德、阳光，是星育课程的主要目标，中华优秀传统文化强调"仁者爱人"，因此学校的"星育"课程除了开齐开足国家课程外，根据实际情况为孩子们开设国旗下、思政、传统节日、亲子、经典吟诵、跨学科写作、汉字的起源与发展、图说历史、书法、国画、棋艺、茶艺、播音主持、学生电视台、快乐诗社、历史剧社等拓展课程。此外，学校的课程还积极渗透国外先进办学思想，在优秀传统文化教育的基础上，加强国际理解教育，开设世界文化、英语绘本、英语写作、光影殿堂等课程，着力培养学生理解与尊重、开放与创新的现代意识与国际视野。

星"智"课程强化学生的逻辑推理与多元思维。所谓"智者不惑"，"智"是学生实现人生目标的重要因素。上星学校的星"智"课程除国家课程以外，增设了速算、数独、创客科技制作、科学小实验、机器人工程挑战、MEV 创客等拓展课程。这些星"智"课程通过逻辑与推理、颠覆与创新、开放与分享等强烈的个性化学习，培养学生解决实际问题的核心素养。

星"动"课程培养学生阳光的性格与健康的体魄。"勇者不惧"，需要的是坚强、自信与百折不挠的精神。上星学校的星"动"课程核心是健与美，学校通过整合资源，开设了游泳、足球、羽毛球、篮球、网球、空手道、高尔夫、篮球等课程。体育方面，在保证开足、开齐国家课程基础上，一、二年级由专任教师每周开设一节足球课，三、四年级由专任教师每周开设一节网球课程，四、五、六年级由专任教师每周开设一节空手道课程。此外，上星学校还结合得天独厚的优势合理利用学校恒温游泳馆，为四至八年级学生开设游泳课。为实现"培养学生至少有两项自己喜爱的体育运动技能"目标打下了基础。星"动"课程的目的在于让学生通过课程得到锻炼，提高自信，并能以健康积极的心态去面对生活、面对挑战。

星"艺"课程培养学生审美能力与艺术素养。星"艺"课程关注学生终身发展，培养阳光健康、多才多艺并具有城市化、国际化、现代化视野及能力的综合性人才。学校实施"三进一提升"工程，即进课程、进课堂、进头脑，提升学生艺术审美与基本技能；利用非洲鼓、哨笛、形体舞蹈、合唱、校园歌曲创作、版画、国画、篆刻等课程开展艺术教育，同时为学生提供优秀传统文化节、艺术节等交流和展示的平台。

星"技"课程让学生在体验中发现美好，热爱生活。劳动教育是学生素质教育的重要组成部分，是我校坚持立德树人教育目标的重要教育实践。学校开设开心农场、中药百草园、烹饪、食物的发酵、缝纫等课程，让学生通过劳动操作，经历"发现""归纳总结""反思""调整""吸收"的过程，最终得到难能可贵的体验及经验。多元的劳动体验，使孩子发现生活中的真实、美好，以积极向上的心态迎接人生挑战，学会与社会和谐相处。

上星学校的课程超越"知识本位"，注重以学生发展为本的价值追求，形成了动态、开放的课程文化。两年来，学校致力于课

程规划与开发，积极探索学科类综合课程。除国家课程外，学校共开设"素养"课程 70 余门，包括物理项目实践课程、历史人物 16 讲、生地项目实践课程、阅读课程、家长博士课堂、运动系列课程（足球、网球、空手道、游泳）、班级合唱、"2+3"课程、版画设计、书法篆刻等，已经形成校本特色。

面对丰富的课程，我们深知，一门课程不知道会为孩子带来什么样的结果，但在课程中，孩子对自己的全新认识，对自己的欣赏与自信，都是一种无法预料的能量，也许某一门课程就会为孩子在未来的人生道路上打开一扇可能之门，从而影响他一生的发展。

★ 课堂是教改的主阵地

2022年10月，上星学校新教师汇报课正在如火如荼地进行，带着些许期许，我走进了初一的历史课堂。我们的新入职教师真不错，教学设计精彩、教学环节流畅、教学方式灵活、教学评价多样，还指导学生用唯物主义的观点评价历史，在具体的时空条件下考察历史，告诉学生要依据可信的史料了解和认识历史，并给机会让学生有理有据地表达自己对历史的看法。课后，我思考两个问题：上星学校应如何引导全体师生在教学过程中体验幸福与快乐？上星学校需要以什么样的理念来落实核心素养、突显学生主体地位？

在新课程改革背景下，我们秉承"尊重、启发、创新"的教学理念，探索提高教与学水平的有效方法。

其一，以"尊重"为基石，建设以"学生发展为本"的课堂。当前新课程理念是以学生发展为本，让学生参与是课堂教学实施的核心。以学生发展为本的教学思想，从根本上改变了我们对教学的关注点——从学科知识转移到学生生命发展。

其二，以"启发"为动力，在课堂教学中落实核心素养。孔子曰："不愤不启，不悱不发，举一隅不以三隅反，则不复也。"在实际教学中，教师要积极创设问题情境，激发学生的学习兴趣，变被动学习为主动学习，并列举一些能和学生已有认知联系起来的事物，帮助学生找出此事物与教学内容的关联。学生从而认识事物本质、发现规律、举一反三，也提高了分析问题和解决问题的能力。

其三，以"创新"为引擎，推进教育提质增效。在"双减"背景下，如何吸引学生主动学习、高效学习？

我们要求，教师要科学创设问题情境，合理运用课堂评价。

首先，在新课标的课程内容中，学科知识不再是单一的记忆与理解，而是融入问题情境，让学生去挖掘、研究。教师在教学过程中创设作用于学生的、能够激发学生积极的情感反应和学习动机的环境氛围和教学活动，用生活化的教学情境"吸引"学生从课堂走向生活实践；主动"探究"问题情境，促使学生积极思考；科学"解释"问题情境，有效引导学生建构完整的知识体系；拓展学生思维，将知识灵活"迁移"至其他问题情境；运用多元化的情境"评价"方式，优化教学效果。

其次，根据新课标要求，我们注重发挥评价的育人功能，促进学生核心素养发展。上星学校采用"学生课堂表现评价表"，以班级学习小组为评价对象，从"行为习惯""课堂发言""认真倾听""合作交流"四个维度评价小组成员。我们以"评"促学、以"评"促教，以核心素养为导向，以评价促进学生的发展，构建目标明确、主体多元、方式多样和功能全面的课堂评价体系。

课堂教学要基于学生的兴趣，兴趣是学习的基础，兴趣问题是课堂教学

的基本问题，尊重和发展学生兴趣既是教育教学规律的体现，也是促进学生成长发展的重要途径。基于学生兴趣的教学，也给我们一些启示：一是激发学生学习的内驱力，增强学习的投入感。兴趣影响着学生学习的主体性和能动性，学生对学习内容的兴趣水平影响到其学习投入感。教师应激发学生内驱力和高阶能力，使学生主动学习学科知识。二是优化教学素材，适应学生的兴趣与态度。素材为学生求知创设任务情景和链接，引发其认知冲突，学生对当下问题产生兴趣，从而激发自身好奇心与求知欲。三是优化教学设计，由浅入深、环环相扣。好的教学设计是一节有味课堂的关键，我们的备课要立足于调动学生的学习兴趣，优化教学环节与活动，让学生在教学活动中体验到成功的乐趣。

　　课堂是教改的主阵地，作为一所面向未来的学校，我们的课堂教学要敢于尝试、敢于革新、敢于突破，将学科的核心素养要求落实到每个教学环节中，突显学生的主体地位，要为培养有理想、有本领、有担当的未来少年提供一个尊重、启发、创新的环境。

⭐ 陪餐有恒

自上星学校开办以来，午餐午休一直是每位家长心中的头等大事，是一个民生问题。

近些年，全国各地偶发食品安全事件，对孩子们的身心健康造成了难以估量的伤害。每当我看到这些新闻，触目惊心之余也暗自警醒：作为教育管理者，我们应格外重视午餐午休管理工作。

孩子们的健康是重中之重。从配餐公司还没有进入校园，家委就已参与配餐公司的前期筛选工作。那么在餐食被送入校园之后，如何监管餐食质量呢？我们建立了陪餐制度，从校长到中层行政，午餐时间全部到班级和孩子们一起用餐。一方面，我们希望以身作则，亲自检验午餐质量；另一方面，让家长感受到学校对于食品安全的重视，学校午餐不仅仅是孩子们在吃，校方人员也在吃。我们时刻和孩子们站在一起，家长也会多一分放心和理解。

从 2021 年开始，我就每天坚持陪餐。这件事情看似容易，实则很难。我给自己树立了一个目标：每天中午陪伴孩子们用餐。我亲自检验午餐的安全性、可口性。对于孩子们来说，看到校长伯伯天天和他们在一起，或许是一种难得的快乐和幸福。

长期以来，每天中午，孩子们、老师们、家长们都能在教室里看到我的身影。很多人问我："陈校，请问你是怎么坚持下来的？"我想，应该是教育的初心——作为一名教育工作者的情怀和担当，一种勇于负责的态度。

在陪伴一年级的孩子们用餐时，孩子们看到校长伯伯来了，都欢呼雀跃着说："校长伯伯，你跟我们一起吃饭，我们太开心了！"甚至有的孩子还要跟我比一比谁吃得快。吃完之后，我检查孩子们的用餐情况，也问一问孩子们今天的午餐体验。"饭菜好不好吃？""口味喜不喜欢？""分量够不够？"等等，孩子们也总是乐于回答。

在陪餐和交流的过程中，我了解了食品质量，也收集了孩子们不加掩饰的反馈。比如，一年级的孩子们相对吃得慢一些，用餐卫生要更加注意。如果口味不太合适，有些同学还可能挑食。除此之外，我还有另一个层面的要求，就是"光盘行动，拒绝浪费"。勤俭节约是中华民族的优良传统，一粥一饭当思来之不易。对于绝大部分生长于城市、自小衣食无忧的孩子们来说，培养节约粮食的美德或许更显难能可贵。每次午餐，我都竭力吃尽每一粒米饭，最后拿着光盘向每一位孩子展示。

对于小学高段的孩子，用餐速度有了很大的提升。有时饭菜分量不够，他们还会进行增添。我觉得这倒是一件好事，这个阶段的孩子身体发育快，饭量大一定程度上说明他们都很健康。到了初中，陪餐时我更注重与孩子们的思想交流，关心他们的生活。如，在学校的生活是否开心、是否有烦心事、是否有学习或者生活上的困惑，以及对于学校管理和教育教学有什么看法等，帮助孩子们疏导心理压力。在午餐这样一个轻松的时间段，我与孩子们不仅拉近了物理距离，也拉近了心灵距离。

陪餐这件事，我们的出发点绝不是作秀，也不是形式上的褒奖，而是关心孩子们的健康，是为人师表的责任感。孩子们吃得开心，家长们放心，家校才能齐心。家长切实参与学校用餐管理工作，家校之间才能真正有效对话，家校共育方能落到实处。

"最好的教育是示范。"在我看来，教育并不仅仅停留在 40 分钟的课堂

上。校园里的一花一木、教师的一举一动都是教育的一部分。从这个角度来说，午餐午休就是一种泛在性的教育。孩子们每一次排队领餐、安静吃饭、饭前便后洗手、整理卫生等习惯的培养，就是德育课程的实践；每一位老师光洁的餐盘就是孩子们节约粮食、勤俭节约最好的榜样；我们与孩子们的每一次俯身交流，就是孩子们对学校安全感、温馨感与归属感的最佳体验。正如陶行知所言："生活即教育。"尤

其是在当下劳动课程逐渐提上日程的背景下，其意义更显得重大。

校长是学校教育工作的引领者、践行者。孩子们在校午餐午休能够感到快乐，很可能他一天都会感到快乐，教育也在这样的时刻悄然发生。也许若干年后，我们上星学校的孩子不一定记得校长伯伯讲了什么话，但我相信他们一定会记得曾有这样一位校长陪着他们吃过午餐。这就是我们上星学校永不褪色的文化烙印。

孟子有云："勤勉之道无他，有恒而已。"陪餐对我来说也是一件有恒之事，我也将带领我们的团队继续坚持下去。

⭐ 圆我们的游泳梦

"上星学校现在是宝安西部的一颗明珠,无时无刻不在绽放耀眼的光芒。"有人这样对我说。

竣工的第一天,我骄傲地巡视着自己创办的校园,打开一扇扇门,推开一扇扇窗,抚摸着一草一木,满心欢喜。学校负2楼,灯光亮起,映入眼帘的赫然是面积达874平方米的游泳馆。尽管创办过多所学校,但我还是第一次拥有这样一池碧波!

第一年开学初,我在教室陪孩子们吃午餐,一个小孩子兴冲冲地跑过来对我说:"校长伯伯,我暑假去游泳啦,游泳馆又凉快又好玩,听小伙伴说他们学校有游泳课,我们学校啥时候也有游泳课啊?"那时候我在原单位工作,国家对游泳课没有明确要求,学校也没有场地和师资配置,在学校里上游泳课不过是孩子们的一个梦而已。

可是我想让孩子们梦想成真,这是我作为校长的职责与使命。

每年暑假,校外的游泳馆都是消凉纳暑、增进亲子关系的好去处,他们发自内心地喜欢游泳这项体育运动。中共中央办公厅、国务院办公厅印发的《关于全面加强和改进新时代学校体育工作的意见》和国家体育总局、教育部印发的《关于深化体教融合促进青少年健康发展的意见》，以及广东省教育厅印发的《广东省加强学校体育美育劳动教育行动计划》等文件均明确指出开展中小学游泳教育的必要性与紧迫性。

国家有规定，社会有期盼，学校自然要有担当！不管是出于落实上级文件要求的角度，还是为了不负家长的期盼，既然学校配套了高标准恒温游泳馆，作为上星学校的校长，我都有责任和义务将游泳课程开起来、做下去、办出彩！

有了开设游泳课的想法后，诸多问题随之涌现出来。我们首先要面对的问题是游泳馆的运营经费，学校游泳馆占地面积 874 平方米，水电费加上教练、安全员、水质工的工资，一年的总费用接近 300 万。考虑到学校目前只有 19 个班，而且大部分是低年段的学生，因此我决定试运行阶段只开高年段的游泳课，在节约成本的同时为正式运行做好前期准备工作。

　　万事开头难。游泳馆是我管理生涯的新生事物，我就像一个初学者一样，一点一点地去熟悉它。学校游泳馆需不需要营业执照？水质检测报告有效是多久？游泳馆卫生许可证和消防验收报告怎么办理？这些都是硬件方面的问题，除此之外还有软件方面的问题，如救生员、教练员要取得何种资质证明？在学校只有一名游泳老师的情况下，还需要聘用多少名教练员？开课前是否需要对学生进行溺水后的急救培训？游泳馆的值班制度、保洁制度、更衣室制度、救生员守则如何制订？除此之外，还有一个我无法控制但是又不得不考虑的问题——疫情的影响，开课前如果发生疫情，与第三方公司签订的合同如何处理？开课后如果发生疫情，禁止第三方教练员、安全员进校，课程如何继续？

　　以上这些都是我和团队必须研究的问题。有人劝我："陈伟，别折腾了，有游泳馆却没开游泳课的学校又不只有上星学校，犯不着为了一门游泳课，去承担那么多的责任，去背负那么大的压力。"我笑着对他说："为了孩子们，我乐意去承担压力。我天生就喜欢折腾！"伏尔泰说："生命在于运动。"水上运动在国民教育中极其欠缺，开设游泳课既是为了增强学生体质，让学生学会生存技能，也是社会、家长与学生的期盼，作为校长，我义不容辞！

　　下定决心开课后，我的思考重点转移到了游泳课的本质上：一门课程，最重要的自然是课程安排、课程目标、教学设计、课程考核与评价四大模块。

　　课程安排方面，学校 19 个教学班中，一、二年级分别有 6 个班，三、四、五年级各有 1 个班，七年级有 4 个班，小学低年段班级较多，出于安全和管理方面的考虑，试运行阶段我决定在四、五、七年级共 6 个班中开展游泳课。

　　在和教学处、体育科组、综合科组充分沟通后，我们决定调整两周的体育、音乐、美术、信息技术、心理等课程，保证每个班每周能有 6 节课的时间。通过调课，将每两节课加上课间休息时间合并成一节游泳大课，确保孩子们有充分的时间从班级走到游泳馆、换衣服、淋浴，最大程度上保障了实际上课时间。同时我们通过精细课程安排，将每个班在游泳周的课程合理安排到周一到周五中，避免了学生在某段时间内的过度运动，有效避免了学生产生厌倦情绪。

上星学校 2021—2022 学年下学期
游泳课程表

时间 / 课程 / 星期	星期一	星期二	星期三	星期四	星期五
上午 1 08:50–09:30		五 1	五 1	五 1	
上午 2 09:50–10:30		五 1	五 1	五 1	
上午 3 10:40–11:20	七 1	四 1	四 1	四 1	七 1
上午 4 11:30–12:10	七 1	四 1	四 1	四 1	七 1
下午 1 14:25–15:05	七 2				七 2
下午 2 15:20–16:00	七 2	七 3	七 1	七 3	七 2
下午 3 16:10–16:50	七 3	七 3	七 1	七 3	七 4
下午 2 17:00–17:40	七 3	七 4	七 2	七 4	七 4
下午 2 17:50–18:30		七 4	七 2	七 4	

　　课程目标方面，我们首先摸排了所有学生对游泳这项运动的掌握情况，发现只有一半的学生会游泳。因此我们将授课目标降低，设定为游泳周结束后，初学者至少要掌握一种泳姿，熟练者要掌握多种泳姿。

　　教学设计方面，由北京体育大学游泳教学专业毕业的贾虎跃老师负责。虽然毕业才两年，但贾老师已经有过多次在校外机构担任教练员的经验。作为学校的管理者，我深知新教师要成长，学校一定要提供平台，放心大胆地让年轻人去闯去干。

　　以下是贾老师设计的游泳课教学内容：

课次	内容	目标	方法	重点
1	1.熟悉水性呼吸、漂浮、滑行 2.学习蛙泳腿技术动作	1.大部分学生能掌握呼吸和漂浮，掌握蛙泳腿的完整技术动作 2.部分学生能做到蹬壁滑行。在水中正确完成动作	1.讲解示范 2.陆上模仿练习 3.集体纠错 4.水中分组练习	1.克服恐水心理，敢于水中憋气和漂浮 2.收、翻、蹬、夹四字要领

续表

课次	内容	目标	方法	重点
2	1.复习蛙泳腿技术 2.学习蛙泳手技术动作	在蛙泳腿基础上，掌握蛙泳手臂技术动作，部分学生能在水中正确完成动作	1.讲解示范 2.模仿练习 3.集体纠错 4.水中分组练习	划水的幅度、方向、节奏
3	1.复习蛙泳手 2.学习蛙泳手与呼吸配合	在蛙泳手的基础上掌握手与呼吸的配合，部分学生能在游进中完成呼吸	1.讲解示范 2.模仿练习 3.纠错指导 4.水中分组练习	划水与呼吸的节奏
4	1.复习手与呼吸 2.学习蛙泳完整配合	在完成呼吸的基础上，部分学生的完整动作全部正确	1.讲解示范动作 2.陆上模仿练习 3.纠错指导 4.水中分组练习	明确划手、呼吸与腿部动作节奏
5	1.复习蛙泳完整配合 2.学习水中自救方法，踩水	更多的学生能独立游进，并应用该技术进行水中自救，踩水	1.讲解示范动作 2.陆上模仿练习 3.纠错指导 4.水中分组练习	完整动作节奏及技术运用
6	1.复习蛙泳完整动作 2.蛙泳考核	能根据自己的实际情况参加考试	1.复习完整动作 2.组织考评	能积极面对考核

课程考核与评价方面，同样是由贾老师负责，内容如下：

我校根据《深圳市普及青少年游泳教学标准》，在最后一次课考核学生对泳姿基本技术和实用游泳技能的掌握。针对初级蛙泳课程的教学内容，根据学生的具体技术水平分为Ⅰ级、Ⅱ级、Ⅲ级。

Ⅰ：学生能在 1.2 米以下水中自由行走、跳跃、憋气、换气、漂浮、滑行，且能用一种泳姿连续游进 15 米。

Ⅱ：学生在达到Ⅰ级的标准下，能换气 5 次以上且能用一种泳姿的基本技术连续游进 20 米。

Ⅲ：学生在达到Ⅱ级的标准下，熟练换气且能用一种泳姿的规范技术连续游进 25 米。

在游泳周期间，我多次到游泳馆和学生们交流，有几件事让我印象深刻。

游泳周的第一节课是七（1）班的课，孩子们非常兴奋，说说笑笑好不热闹，把教练的声音都盖过去了。一个同学对我说："校长伯伯，要是每天都能游泳就好了。"到七（1）班的第三节游泳课的时候我又看见了他，愁眉苦脸地，我走上去问他怎么啦，他说："学游泳很累，要不断重复同一个动作，也很枯燥。"等到最后一节课考核结束后，我看见他神采飞扬地和同学聊天，就走过去问他为什么这么高兴，"校长伯伯，我学会了蛙泳啦，我考核通过啦！"

这位同学的故事就是 6 个班共 300 个学生在游泳课上的缩影，也让我想起之前问我什么时候能在学校上游泳课的那个孩子，在他们两个学生的身上，我看到了深圳市在基础教育方面的投入，也感受到政府对义务教育的重视，更体会到自己作为校长所肩负的沉甸甸的责任。圆孩子们的游泳梦，也圆了我的梦。

★ 与孩子们踢球

　　我校七年级组织了一场足球联赛，叫作"校长杯"。七年级的两位主任邀请我跟同学们一起踢这场球，我觉得这个事情非常好，因为我也喜欢运动，喜欢踢球。我坚持每周打一次羽毛球，每天中午打乒乓球，每周组织一场教师足球比赛，所以两位主任让我和学生一起踢球，我非常开心。

　　我跟两位主任建议，组织教师、校长、副校长、中层以及男教师，跟七年级的同学们踢一场球。两位主任特别开心地组织同学们跟我们一起踢球。这个机会非常难得：一是我们可以看到孩子们在绿茵场上挥洒汗水，展现拼搏精神；二是能够让孩子们感受到师长跟他们没有距离，更能感受到老师、校长的亲切。

　　裁判吹响哨令后，足球滚动起来。在绿茵赛场上，孩子们好像变了一个人，呐喊声、鼓励声不绝于耳，个个英姿飒爽。跟老师踢球时，学生感受不到老师那种所谓的高高在上，大家从师生变成了队友，变成了竞技的对手，一起挥洒汗水，感受快乐。在赛场上，我们为了一个球，相互配合、交流，这种交流是难能可贵的，是一种极好的教育方式；老师既是学生的引领者，又是学生的合作、学习伙伴。

　　在比赛的尾声，我们展开了点球大赛，看哪一方射得准、进球多，进球数量多的一队胜出。很遗憾，老师队伍输掉了，但是学生们开心，他们赢了，他们赢得的不只是几个数字，还是一种集体力量的延伸，一种对自我价值和自我能力的肯定，更是赢得了老师们的认可。这些在我看来都是教育，教育可能发生在课堂上，发生在操场上，发生在每一个学科的作业中，也发生在课堂之外。能够取得胜利，孩子们发自内心地开心。老师跟学生之间进行比赛，重要的不是比赛结果，而是过程，比赛是师生合作、生生合作、师师合作的一种方式。一场球踢下来，师生之间没有了鸿沟，结下了深深的友谊，体现出公正、平等的体育精神。

作为校长，我的目标是让每位孩子在学校期间都能学会至少三种体育技能，包括足球、网球、游泳、空手道、乒乓球等。小学一年级、二年级每周有一节足球课，三年级、四年级每周有一节网球课，五年级、六年级每周有一节空手道课程，每个学期专门腾出一两个月开设游泳课程，目的是锻炼学生的体能，让学生学会更多的体育基本技能。学科知识在短时期内对学生学业的进步有很大作用，而体育技能能够促进学生终身健康发展。

我希望看到孩子们既有阳光、感恩的心态，又有勤奋、创新的精神，更有一个健康的体魄，能够支持他们一生健康、幸福地成长。在比赛过程中，我感受到孩子们是开心的，老师们是开心的，学校既要成为学生学习的学园，更要成为孩子们生活的乐园。

运动是校园最美的风景

午休时间，我们又开始了每日必练项目——乒乓球。乒乓球桌上，朱校、尹校及全体男行政正在激烈对决，这种挥洒汗水的场景每天都会上演。大家增加了运动量，也以球会友，联络感情。"运动型"校园一直以来都是我想要打造的。

运动兴，民族兴；运动衰，民族衰。2021年6月23日，教育部办公厅印发了《〈体育与健康〉教学改革指导纲要（试行）》，这份纲要以习近平新时代中国特色社会主义思想为指导，全面贯彻党的教育方针，落实立德树人根本任务，树立"健康第一"教育理念，深化体育教学改革，构建强化、科学、有效的体育与健康课程的教学新模式。而这些，我们上星学校如何才能做到呢？

上星学校注重体育教育，为培养"阳光、勤奋、感恩、创新"的上星学子而努力奋斗。我们以教职工为表率，带动学生一起进行体育锻炼，既能让学生健康成长，也能促进教职工身体健康，促进行政团队合力和谐，做到"人人运动，人人健康"。行政团队除了每日中午的乒乓球、台球运动外，每周都会进行一次

足球赛、羽毛球赛或网球赛；教师团队则由学校工会统一组织，定期举办排球、足球、篮球等体育赛事。

学生则至少能够习得三种体育技能。我们为不同年龄段学生设置了个性化的体育课程。所有学生每天至少有一小时体育锻炼时间，一年级、二年级每天有一节体育课，其他年级有课间操、阳光体育等体育锻炼，形式多种多样。除了日常体育课程，一年级每周一节足球课、二年级网球课、三年级空手道课，高年级则有游泳课；学校定期举办体育赛事，如篮球、足球比赛等。上星学子在赛场上赛出自我，赛出风采。

陶行知先生认为：健康是生活的出发点，也就是教育的出发点。教师身体健康，加强体育锻炼，自然会有充沛的精力去教育孩子；当孩子多运动、多锻炼，强健体魄、劳逸结合，学习效率和效果必然大幅提升。每当我走到操场、球场，孩子们总会热情地问："校长伯

伯，你又来运动了呀？"他们还会邀请我一起运动。师生一起运动，一起放松，不仅可以培养孩子的团体意识，还拉近了我们之间的距离。

从行政团队打球到全校竞赛，师生一起参与体育运动，身体素质得到显著提升，同事之间的交流互动相比以往更为频繁，使得工作效率也得到显著提高。目前，我校学生每天的体育运动量都达标，还能够学习多种体育项目。

未来，我们会将上星学校打造成运动型学校，学生在学习之余能够提升身体素质，真正做到全面发展。

第二辑

教师，育快乐学生

★ 春风化雨，以心换心

孟子曰："老吾老，以及人之老。幼吾幼，以及人之幼。"我谨记这句话，想教师之所想，解教师之所困。教师之事无小事，细微之处见真情，我希望能时时把关心、学校的温暖送到每一位教师的心坎上。上星学校的老师越来越多，有一些老师的小孩是适龄儿童，老师面临孩子入学的问题。作为校长，能给老师们的福利就是为他们的孩子入学提供便利，减少他们接送小孩的不便，让老师们在兢兢业业工作的同时减少对孩子的担忧。

大雨滂沱的一天，狂风像无数条鞭子狠命地往人脸上抽，黑沉沉的天似要崩塌一般。在深圳很少遇到这样的天气，我一下车就遇到学校一位老师，他在大风里向我喊话："陈校，今天雨这么大，你要去哪里呀？"

"去隔壁幼儿园。"

"有什么事情呀？雨这么大，要不您换一天去吧？"

"那不行，我跟隔壁幼儿园园长约好了，要和她商量我们学校一位老师女儿入园的问题，都已经约好了。"

这时风更猖狂了。

"今天天气太恶劣了，改天约谈，她应该也可以理解。"

"那肯定不行。因为学校一位商调老师的小女儿已经到了上幼儿园的年龄，这位老师去年向我表明女儿想到隔壁幼儿园读书的打算，我当时联系园长，园长同意了，但是出于特殊原因，女孩去年没有入学。这是我第二次联系园长，今天就是天上下刀子我都要去呢！"

当时幼儿园已经超额超编了，这位老师的女儿入学是有一定困难的。我一直认为，老师遇到困难，我一定要竭力帮助，所以主动提出帮助他，最终

也圆满地帮这位老师解决了女儿入学的问题。以人为本，重在心通。我一直要求自己要怀有真挚的情感，满怀热情地去"品味"教师的酸甜苦辣，以切实的行动解决教师工作、生活中的问题与困难，以此让自我之心走向教师之心，让教师之心融进自我之心，在学校和教师之间架起沟通的桥梁。

通过商调慕名而来的老师很多，他们大都成家立业，为了方便上班，希望孩子能到上星学校就读，但是按照积分入学政策，孩子是无法入学的。面对这种情况，我在不违反招生政策的前提下，全力为老师们排忧解难。我一直认为，给予教师足够的人文关怀，才能发挥出教师群体群策群力的功能，才能让整个学校的师资力量拧成一股绳。

生活中遇到问题，大家也愿意跟我交流，希望得到校长和学校的帮助，解决好这些事情就是我作为一名校长的担当。无论是教师倾诉工作、生活中的困惑、困难还是发泄怨气，一校之长都要耐心倾听。我有责任引领队伍认真落实教育教学工作、做好精细化管理、推动学校发展，同时更有责任关心每一位老师。老师们向我提出各种要求，也证明老师们信任我，这个时候我不仅仅是一校之长，更像是一家之长，作为一家之长要有担当，要有主动为老师解决困难的服务意识。作为管理者，管理就是服务，作为家长，更应该以服务的态度对待老师，为老师排忧解难。

　　教育家李希贵说："对一位校长或教育管理工作者来说，关注学生首先应从关注教师开始。"我相信只要给予教师"生命里一次次的感动"，以大雪无痕、润物无声般的行动去关爱教师，教师必然将无穷的力量投入教育教学，以回报学校的关怀和领导的关爱。

★ 贺卡传情

　　一年一度的寒假即将来临，每当这个时候，我都会给每位老师手写一张贺卡并亲自送到他们手上。我认为，在电子信息泛滥的年代，手写贺卡显得尤其珍贵。今年的贺卡不再是去年的三十几张，而是六十多张了，面对这六十多张贺卡，我要写些什么内容呢？我要怎样跟老师们对话呢？我要传达些什么呢？这是我这些天一直在思考的问题。

　　上星学校一直是个温馨的大家庭，我希望通过这个特别的方式，一方面表达对老师们辛勤工作的赞扬、关心和感谢，让老师们深刻地感受到学校的爱与肯定，争做勿忘从教初心、坚守使命、心中有爱眼里有光、有责任感的新时代教师，也希望薪火相传，让更多人深爱教育，扎根深圳热土；另一方面希望加强和学校老师的交流，让老师们在感到温馨的同时，也能领悟到工

作中的不足之处。这种朋友式的交流沟通，能够让教师形成与学校同发展的劲头。一个好校长就是一所好学校，我用心为教师写贺卡，有助于青年教师的成长。

与此同时，对于怎样评价一个老师并没有统一的标准，教师评价体系还不够科学和完善，这也是当下教育改革的方向。评价老师并不能仅仅根据考试成绩或单一方面，我手写贺卡，也是对老师们的一种评价，是对老师们的工作成绩、做事风格等各方面综合表现一种走心的评价，这是对老师的尊重，体现对老师的人文关怀。老师们感受到真诚、关怀、友善，有助于在全校形成团结向上、将心比心的良好氛围。所以说，贺卡虽轻，所传递的校长与老师间的情感是非比寻常的。这份礼物是亲和教师的暖心话，是激励教师的冲锋号，也是引导教师的启明星。

那如何为教师写贺卡呢？手写六十几张贺卡，我花了整整两天的时间，每张卡片里的内容都是我嵌入老师姓名，根据每个人不同特点设计创作的，或引经据典，或化用古诗，以各种形式进行表达。除此之外，我用心、用情、用爱去写，不仅客观公正，更生动具体，赞赏肯定时真情流露，批评指正时委婉含蓄。写给不同身份的老师，我会使用不同的措辞。我会肯定行政干部们一年以来的工作，表达对他们的感谢，并祝愿他们生活

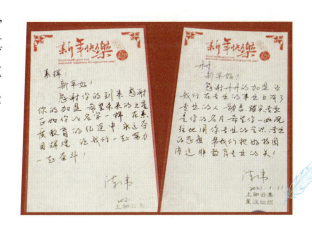

愉快、身体健康、合家欢乐；我会赞扬老教师们俯首甘为孺子牛的精神，对他们为学校的建设发展做出的贡献表达感谢；我会鼓励年轻老师们，希望他们充满信心，对事业、未来都有美好的憧憬，同时表明我将他们一年来的表现看在眼里、记在心里，是他们让我感受到了一个年轻老师事业起步阶段的动力、态度，就像看到了当年的自己一样。

这些贺卡既有肯定，又有期盼。相比于师德考核，贺卡评价更受各位老师欢迎。在一年工作结束后，老师们收到专属的"成绩单"，除了惊喜，还有满满的感动。每次我递出贺卡后，总能看到对方会心的微笑。老师们认真阅读，感动于学校领导对自己的关爱、鼓励、认可和公正的评价，他们无一不认可这种交流形式。我希望通过表达对老师们的关心向行政干部们传递我的办学和教育理念——"做幸福教师，育快乐学生"，让行政干部们明白怎样关心和爱戴老师，通过非常简单的写贺卡的方式，老师们收到一份浓浓的情谊。贺卡虽小，它传达的却是一种人文关怀，办学要办高质量的学，更应该办人民的学、人文的学！

习近平总书记指出："百年大计，教育为本。教师是立教之本、兴教之源。"我一直在思考应如何践行这句话。我认为，一个国家的发展要靠教师，一个民族的强大也靠教师，一个学校的辉煌更离不开教师。一支政治觉悟强、业务素质过硬的教师队伍是办好学校的关键，对于学生成长、教师发展、学校建设也起着至关重要的作用。上星学校建校不久，当务之急就是打造一支出色的教师队伍，写贺卡就是实践之一。

吉鸿昌曾说："路是脚踏出来的，历史是人写出来的，人的每一步行动都在书写自己的历史。"我也希望，通过贺卡传递的人文情怀能随着时光流逝书写属于上星的历史！

⭐ 后勤，学校发展的得力保障

弹指一挥间，紧张忙碌的 2022 年悄然而过，迎来了更具挑战性的 2023 年。回顾过去一年的工作，我履职尽责、担当作为，以"纵览全局"的理念，统筹做好学校管理工作。上星学校是讲团结、讲奉献、顾大局、有温度的优秀团队。在温暖的上星学校大家庭，学校组成一共分为三部分成：一是辛勤耕耘的教师们，二是认真学习的学生们，三是默默付出的后勤人员。如何让后勤人员更好地融入这个家庭，是我自上星学校建校以来重点思考的问题。

校园是学子们最向往的地方，是获得知识的殿堂，是孕育梦想的摇篮。在各部门的密切配合下，后勤全体成员紧紧围绕上星学校工作中心和大局，以提升思想素质为基础，以提高服务水平为主线，做好保障工作为前提，以勤勤恳恳、勇于担当、默默付出较好完成了工作任务，为学校发展保驾护航。

为了让后勤人员能有归属感、安全感，主动、热情地开展工作，学校联合总务处、物业对学校后勤人员实施人文关怀。

保障全体后勤人员在教师餐厅用餐的权益。无论是安保、保洁还是文印室工作人员，均可在教师食堂用餐，享有和教师一样的饭菜补贴。作为校长，我在每天早餐、午餐用餐时间，密切关注食堂饭菜供应量及菜品口味满意度，经常与食堂负责人沟通，保证后勤人员吃好、吃饱。

主动与后勤人员拉家常，关心后勤人员在学校工作适应情况。我会在用餐时与保洁人员和门卫交流，慰问他们的工作近况，以及在学校食堂用餐的感受。后勤人员多为外来务工人员，多与其聊聊孩子的近况、家里的基本情况，能够让后勤人员感受到温暖。

　　在工作时间加强与后勤人员的工作对接和交流。在每天早上值日期间，我会主动前往校门口询问负责治安的队长工作情况。同时，我也会经常前往保安室与保安聊聊近期工作情况，以及学生的安全巡逻反馈。在此过程中，倾听他们对学校的意见和建议。浓浓关怀暖人心，这份温暖关怀鼓舞着在不同岗位坚守的后勤员工，凝聚起了上星力量。大家纷纷表示将坚定信心，持续落实落细各项防控措施，用实际行动做好本职工作。

　　表彰抗疫先锋。疫情防控期间，全体后勤保障服务人员以高度的政治责任感和使命感迅速投身校园疫情防控工作中，冲锋在前、无私奉献、夜以继日，坚守在后勤服务保障第一线，

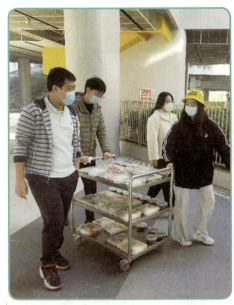

为保护师生的身体健康和生命安全做出了积极贡献。表现最为突出的是物业队长。不论是在学校封控之时，还是在教师队伍陆续感染新型冠状病毒肺炎需要居家隔离之际，队长都默默坚守在岗位上，每天给被隔离的教师打包饭菜并送往宿舍门口；后期还组建了教师志愿者团队，专门给居家隔离的老师们送午餐。

回看学校后勤工作，全体后勤人员都能在工作中繁杂而务实，忙碌而不失条理。"勤勉务实、脚踏实地"是他们的工作作风。愿上星后勤力量不断开拓进取，为学校发展保驾护航！

★ 两场风波

教育家陶行知先生说过："校长是一个学校的灵魂。要想评论学校，先要评论学校，先要评论它的校长。"

作为上星学校的校长，我经常和老师们说我是一名"草根校长"。很多校长都是教师出身，而我更是从一名代课老师做起的，因此我更懂得基层教师的辛苦。当我第一次走上管理岗位，尤其是校长的岗位时，我感受到学校管理的确是一项课题，一门艺术，是需要一些特殊的管理智慧的。

首先，校长要拥有"和"的智慧。古人曰："欲谋胜败，先谋人和。""人和"有两层含义：一是营造亲密、友善的工作氛围；二是营造包容个性、和谐发展的生动局面。所以，校长要树立人本意识，通过人本管理体现人文精神，通过人文关怀发挥学校领导和教师的自主性、主动性和创造性。

去年我们学校有位刚入职的老师，在工作一个学期后，向我提出了离职，理由是工作压力太大，不能胜任班主任工作。看着刚毕业大学生稚嫩的眼神，藏着些许几经世事的疲倦，我十分心疼，却不知从何劝起。现代管理学著名的霍桑试验证明，与改善工作环境，实行绩效奖金、严明惩罚比起来，经常与教师进行座谈沟通更能广泛而持久地促进教育教学效率的提高。由此看来，作为校长，我应该把教职工当作学校的主人，关注教师的生活、工作、心理健康以及职业倦怠等，为教职工更多地创造条件以减轻工作压力和增强工作愉悦感，增进教师之间的相互交往，促进良好的人际关系，创造宽松和谐的教育氛围。

心理学告诉我们：人性中最深切的心理动机是受人尊重，得到肯定和被人赏识的渴望。经过一系列的观察、谈话，我发现生性温柔的她，工作勤勤恳恳，做事极其负责，细心又耐心。也许正是由于这种性格，反而让她在班主任烦琐的工作中无所适从，事无巨细的习惯让她花费了很多时间在一些也许不是那么重要的事情上，因此疲惫不堪。除此之外，通过聊天我们还得知，在工作压力这层表面原因之下，她内心对自己人生的规划也很迷茫，还希望可以继续深造，考上她心仪的研究生专业。但是，在我看来，隐藏在这些因素背后，更深层的原因是源自对自己的不自信，她不相信自己能够处理好班主任那一堆的事务，不相信自己能够胜任几个班级的教学。对待这种情况，我首先对她的工作给予了高度的肯定，通过家长、同行对她的评价令她重拾信心。其次，我并没有劝她放弃她的研究生之路，让她留下来。相反，我认可她对自己有更高的学术追求，有自己的理想目标。但是我也冷静地帮她分析利弊。我给予她充分的时间去思考，去衡量，并没有迅速地把她的离职信上报教育局。在几天的深思熟虑和同事们的关心引领下，最后她改变了主意，又回到了上星的怀抱。

众所周知，学校工作离不开良好的文化氛围，一所优质学校的文化至少要包含和谐包容、积极进取、团结奋进，这些文化能让教师队伍建立较强的团队意识，也能让学校的各项工作水平不断提升。有人生智慧和人格魅力的校长应该成为学校文化的倡导者，以自身的亲和力、处事能力在不经意间影响周围的人，引领学校的良好风气。

第二件事，是引起整个社会关注的深圳教师薪资调整的风波。众所周知，深圳教师的工资在各省同行业中是较高的，这也成了无数大学生在毕业后选择做一名深圳教师的原因之一。但是去年，老师们的绩效工资有所调整，这让很多老师顿时感到压力山大。因为大部分的老师都需要还房贷、车贷、抚养小孩及双方父母。当我正想着如何安慰这一群体的老教师时，没想到先找上门的是一群刚刚入职的新教师。其实对于新教师来说，他们所受到的影响并不大，一是他们还无需还房贷车贷，二是他们的绩效工资也不如老教师多。

作为一名校长，我深知处理矛盾时，必须要有共情的能力，要在同理心上有足够的智慧，能够从千差万别的矛盾表象中准确地觉察到矛盾的本质，明确矛盾双方的利益边界，才能够迅速化解矛盾。我曾经也是一名代课教师，我仍记得自己做教师时的不少想法和愿望，因此我能经常设身处地替他人着想，体会他人的内心感受。我知道，作为一群刚入职的新老师，年轻人在拿到人生中第一桶金时总是充满了期望与激动，现在不免心理上会产生巨大的落差。另外就是在招聘宣讲时，很多学校都把具体的薪资数额当作一大吸引点，导致新入职的老师们有了一种被"欺骗"的感觉。初入社会的他们还正是缺乏变通的阶段，因此校长除了自己要有共情能力外，还要成为学校里相互理解风气的倡导者。

我首先逐个找到新老师们聊天，让有情绪的人找到情绪的出口，用设身处地的心态去换位思考，从他们的角度找到突破口。我询问他们是否有生活上的困难，如果有经济方面的压力，大可向学校提出，我们会竭尽全力提供帮助。其次，从国家、社会发展的层面向他们说明目前国家的经济状况，也从社会发展、深圳对教育的重视及人民对教育的期望等方面向大家作细致的解读和分析，让他们从内心建立对深圳教育的信心，从大格局出发去树立正确的职业观和人生观。最后，大家都对此次事件表示了深刻的理解，也对教育这份事业有了更深的认识。

他们都是一批优秀的大学生们，对社会的关注并不比我们少，因此都是一点即通。其实，他们也了解当前的大环境，也理解政府的决策，只是一时间还无法接受。面对这种统一的大调整，老师们也知道作为校长也是无能为力的，这时他们需要的是一位倾听者，一位理解他们的长辈，一位能指明方向的引路人。心理学研究表明，人在内心深处都有一种渴望得到别人尊重的愿望。倾听是一种艺术，是一种修养，甚至是一门艺术。倾听本身还是一种鼓励方式，能提高对方的自信心和自尊心，加深彼此的感情，还能激发出对方的工作热情。因此学会倾听应该成为每位校长的一种责任、一种职业自觉，也是其必不可少的素质之一。懂得倾听，不仅是关爱、理解、尊重，更是调节校长与教师关系的润滑剂。

俗话说："一名好校长，就是一所好学校"。一个好的校长，应该是一个教育家，学识渊博，思维敏锐，对教育的内涵、实质、真谛有清醒的认识；应该是一个出色的管理者，公平、公正，熟知并能充分发挥每个教师的长处，为每个员工的事业发展搭建宽敞的平台；应该有敦厚长者的胸怀，宽以待人，作风民主，以人格力量形成强大的凝聚力和感召力。

★ 上星学校

　　自上星学校创办至今，我们主要通过应届生招聘和商调渠道引进了近百名教师。近百名教师，就涉及近百个家庭。如何将近百名老师及教师家庭都凝聚在上星这个大团队里，让他们在"安居"的前提下"乐业"、在"心安"的基础上"创业"，这是我作为上星"大家长"想去解决和完善的问题。基于此，我创校之初，提出了"做幸福教师，育快乐学生"办学理念。只有内心幸福的教师，才能将幸福传递给学生，让学生体验快乐，师生以校为家、爱上学校。

　　工作中我也一直在观察和思考，如何帮助老师解决后顾之忧。我萌发了一个想法：要建立好上星学校内部的"托儿所"。因为一些教师的孩子在学

校旁边的幼儿园就读，而老师家庭基本都是双职工，"四点半"后的陪伴是严重缺失的。幼儿园放学之后，老师们只能将孩子带到办公室，然后在担心自己孩子和学生的双重焦虑中工作到下班。我们要利用校内资源创建上星学校教工"托儿所"，安置教工的孩子，同时开展丰富多彩的娱乐活动。这样，在确保安全的基础上，教工的孩子们开心地聚在一起，学习与游玩；教师放心、安心地

工作，产生职业幸福感与归属感；教师家属感受到来自伴侣单位的温暖，增强了对我们教师、对我们单位的支持与配合。

思路已定，就得去实践。上星学校"托儿所"秉承为老师服务的初心，要办好、办出特色。我把这项工作交给了教学处、德育处、总务处，依托学校教师资源，教学处负责课程设置。上星学校"托儿所"致力建设德智体美劳"五育并举"的课程体系：舞蹈老师教授中国舞，贴合幼儿兴趣爱好与心理特点；科学老师教授生活小实验，益智激趣，启蒙幼儿的科学素养，培养幼儿观察和思考的能力；体育老师教授跳绳、网球、足球、空手道等体育项目，提升幼儿身体素质及团队协作能力；美术老师教授书法练习课、版画入门课，涵养幼儿心智，培养幼儿的艺术素养；楼顶留有菜地，幼儿放飞天性，自己动手种菜，体验从播种到收获的全过程，在劳动中感悟生活的意义。德育处根据教师日常工作安排，妥善安排接送人员。每天由固定人员去幼儿园将教工的孩子接到学校，并在群里告知家长和对应的授课教师，这样既能让老师安心，又能及时对接授课老师，做到无缝链接。总务处负责打造上星"托儿所"，他们在二楼图书馆独辟一空间，配备电视、电脑、绘本、玩具等，装饰成安全、温馨、书香气浓的"托儿所"。

上星"托儿所"从最初的构想到实际建设，得到了老师们的真心拥护，他们觉得工作没有了后顾之忧；上级领导和同行们高度赞扬，点赞上星细节处见温暖、管理上有创新。处处为老师和学生着想是一名校长的担当，我想这也是学校文化的一种体现。

"做幸福教师，育快乐学生"的前提是让教师幸福。教师心顺、言顺、事顺，学校的教育教学才能顺势而为。

★ 上星"星巴克"

上星学校初中部四楼有这样一个地方，占地不大，却非常温馨，往来"光顾"的人员最多，那就是我们的上星"星巴克"。

走到这里，首先映入眼帘的是温馨的原木走廊，"教师活动发展中心"几个大字挂在其中，象征着老师们勇攀高峰的发展之路。再往前走，咖啡屋如一块宝玉般镶嵌在左手一角，咖啡机、制冰机、吧台、茶点等设施一应俱全。数个雅座与小吧沿窗而设，总体采用黄绿为主的色彩搭配，柔和中又不失时尚。镂空的半开放式格栅，既让私密对话成为可能，也让老师之间的距离更近了一步。原本空空荡荡的不规则场域，经过这样一番用心改造，摇身成了学校最受欢迎的去处之一。无论工作还是闲暇，捧上一杯醇香的现磨咖啡，与同事们来一场激烈的头脑风暴，或仅仅是借着春光读书小憩，好不惬意！

如果稍加留心，你就能赶上每周二、周四学校食堂专门为老师们提供的下午茶，手工制作的甜点、糖水种类丰富、健康美味。往往是前脚刚刚送来，还来不及在群里发通知，这里就聚起一大群教师。他们携手带着笑声而来，端上一碗热腾腾的美味，三五成群地就在这里聊开了。有同科组探讨教学方法的，有同年级聊学生情况的，也有在一起分享生活的，氛围轻松而愉快，空气中洋溢着幸福的味道。

这正是我想要的效果，我认为一所学校氛围不能太凝重，教师和学生的脸上不能没有笑容。我们对待工作固然要严肃、认真、严谨，但同事们的交流和相处一定要轻松愉快。我常对大家说，工作中最让人痛不欲生的往往是人际关系。在上星学校，我一直提倡做幸福教师，致力于提高老师们的职业幸福感。

光提理念而没有实际行动可不行，具体怎么做才能让老师们幸福起来，这是学校管理者需要考虑的问题。上星"星巴克"就是这样的一个典型答卷。学校要有这样一块地方：置身其中的人不会感受到严肃、局促，可以跨越僵化的边界与他人交流。不过，光有空间还不够，最重要的是让这个空间产生吸引力，让大家喜欢来这里，爱来这里。教师们的工作压力、人际交往的摩擦在这里烟消云散。

有位老师曾端着咖啡跟我说："这儿是我迄今为止去过的最好的咖啡屋。"我想，他说这话时脑海里浮现的不仅有美味的咖啡，还有一种放松、温暖的感觉。给微苦的咖啡加一些甜味，给严谨的工作多一些放松，这正是我们当代人的存在状态，在厚重里寻觅一丝跳脱和轻快。

时代不停地进步，我们的生活和工作习惯也随之变化，那么如何真正走进老师的心中，与老师有效沟通，让学校变成大家的"另一个家"呢？当今的学校，特别是一所新校，教师队伍整体上越来越年轻，许多新鲜的生活方式正在成为我们钟爱的选择。比如喝咖啡、喝下午茶。

所以在建设学校三楼教师图书馆时，我明确要求一定要规划这样一处灵魂休憩之地——我们能够放下琐事和一切烦恼，单纯地享受一刻美好校园时光。

★ 退休不褪色，余热亦生辉

一支粉笔，行云流水；两鬓斑白，无怨无悔；三尺讲台，尽显风采；四季耕耘，硕果累累。伴随着不舍和祝福，2022 年 9 月，躬耕教育四十载的朱校光荣退休。退休不是离开，而是翻开了新的篇章。上星学校校领导、工会、德育处等青年教师代表欢聚一堂，为朱校举行退休欢送会。

欢送会上，同事们播放了学校录制的朱校日常工作照片、视频，以及老师们的朗诵节目。四十年弹指一挥间，朱校为宝安教育、学校发展、学生成才贡献了力量，奉献了青春年华。当青春不在，岁月为我们留下无尽的遐想。我代表学校向朱校赠送纪念品和鲜花，会场气氛隆重热烈，仪式感满满。

回望这四十年，朱校从青年教师蜕变为优秀教师，再一步一步成长为优秀的管理者、引领者，他见证了深圳的发展、教育体制的改革，进而参与到宝安教育的改革进程中。由此，作为校长，我感触良多。我想对青年教师讲，要学会在起点上进行终点思考，也就是想清楚我们终身的职业追求是什么？要达到什么高度？要成为什么样的人、要走一条什么样的路？

作为青年教师，首先要把眼光放长远。职业生涯还很长，树立一个高远的目标，将引领我们一路有意义地前行。其次，博大的胸怀成就未来。青年教师要有格局，一开始的职业定位要鲜明远大，要规划自己成为名师、特级

教师、卓越教师，成为有影响力、学生喜欢及同行钦佩的教育家型的教师。第三，用十年坚守报答自己。教育需要静待花开，职业发展以慢为快，急于求成不适合教师行业。专注我们所认定的学科，用至少十年的坚守来定位、研究、践行。第四，不为物欲所诱惑。有远见的前提是行稳致远，不被虚名、福利遮住双眼。想要做有志气、有骨气、有底气的教师，就要坚守自己的追求，靠品行自律，靠人格修为。青年教师承担着培育时代新人的重任，确实应当志存高远，过一种不一样的教育生活。

朱校能够数十年如一日地坚守教育行业，是因为他不忘教育初心。什么是初心？作为教育工作者，我们的初心就是永葆对职业的敬畏、对事业的追求、对学生的关爱、对名利的淡泊。只有这样，我们才能少些倦怠、多些激情，少些惰性、多些勤奋，少些谄媚、多些从容，才能心无旁骛，甘守三尺讲台。

翻开历史的画卷，孔子、蔡元培、陶行知、梅贻琦、叶圣陶，一个个耳熟能详的名字，一个个曾经奋斗在教育路上的追梦人，他们用充满爱与责任的行动，名

垂绚烂多姿的教育发展史，为后世教育者构筑了不可磨灭的丰碑。我也是一名平凡的教育工作者，虽然我没有古今先辈那样的丰功伟绩，但有一点我们是相通的——对教育事业的责任心，对孩子们的爱心，这也是我的初心与使命。我们需要将这份使命传承下去，用情怀书写担当，用行动不辱使命，用心守护好每一位学生的未来。教育是这个世界上最高利润的事业，我们播种下爱的种子，收获的是桃李天下的人生。

"雄关漫道真如铁，而今迈步从头越。"新时代的长征路已然开启，社会赋予了教师更多的使命和责任，唯有传承德行统一、因材施教、以身作则的教育使命，才能成为一名优秀教师，才能在新时代书写自己的人生华章。

⭐ 我们的托管幼儿园

满打满算，上星学校与托管的新桥景城幼儿园、塘面幼儿园已经走过了近三个春秋。我还记得当区教育局领导给我发来相关消息时，心情是多么的忐忑不安。刚刚创办一所九年一贯制新校才没多久，之前没有什么涉猎的小学事务尚未完全搞定，又接手两所民转公幼儿园，实在是不知如何应对，紧张得几夜难以入睡。正毫无头绪之时，我突然想起刚做校长时，面对全新的学校和工作任务，不也一样过来了吗。后续也陆续管理过不同的学校，所以从本质上看，教育、管理的科学理论大致都是相通的，只是具体内容有所不同。

"世上无难事，只要肯攀登。"说干就干。我先请两位幼儿园的园长来到学校，在办公室与他们促膝长谈。所谓"没有调研就没有发言权"，我首先向她们表明区领导和学校对幼儿园的管理要求，既然已经转为公办学校，就要有别于过去，以公办幼儿园的标准来办学。同时，没有人是全能的，人的精力也是有限的，应该让专业的人做专业的事。对于幼儿园，学校只在发展方向和总体规范上做要

求，具体事务仍然由园长决断。

当听到这里时，两位园长渐渐放下戒备，畅快地与我们聊起幼儿园的历史与现状。从硬件设施到文化氛围，从人员队伍到行政架构，从教学内容到校园活动，从后勤支出到安全保障，无所不谈。在一片和谐的气氛中，作为一名忠实的倾听者，我对两所幼儿园的情况有了大致了解。

不过，只有口头交流可不够。耳听为虚，眼见也不一定为实，只有细致观察、深入分析，走进幼儿园，才能真正了解实际情况。于是，在之后不久，我便带领学校行政团队多次考察幼儿园。在摸排过程中，我意识到了两所幼儿园之间的巨大差距，面对塘面幼儿园的困境，我忍不住感叹："没想到在深圳，在宝安这样的地方，还有这样的幼儿园。"

条件艰苦并不能成为退却的理由，正如教育的意义并不是机械地传授理论知识，而是让学生学会解决问题的方法与思维。针对两所幼儿园的不同条件，我带领行政团队为他们因地制宜地出谋划策。景城幼儿园空间较大，硬件设施完善，人手充足，我们要紧抓课程开发、教育教学管理，力争将其打造为宝安区幼儿园优秀品牌；塘面幼儿园设施老旧，环境较差，人员流动大，我们首要工作是稳定队伍，弥补硬件设施不足，不急于扩班。

在正确的目标引导下，我要求学校各部门与两所幼儿园积极对接，指导和把关各项工作，提供全方位的帮助。其中，校园安全是学校发展的红线，永远摆

在第一位。凡是涉及幼儿园安全问题的事项，学校安全办、总务处负责人一定亲自到场指导，提出建议。为了提高幼儿园安保质量，学校专门委派有军旅经历的体育教师组织联合演练，手把手指导防范和应对校园安全事件；帮助幼儿园成立了餐饮管理委员会，监管学校伙食情况。

此外，学校经常组织幼儿园师生到校交流和学习，让幼儿园的孩子们走进小学、初中课堂，感受不同的学习氛围。在这之前，我从未想过这样的画面能够在上星学校成为现实，高年级哥哥姐姐带着幼儿园小朋友一起在操场上阅读、运动，在上星学校的课堂上有一排排活泼可爱的小朋友。恍惚间，我觉得"教育"这个词似乎很大，大到可以模糊掉一些所谓的分割与边界。讲台上，老师们共同学习、互帮互助；端午时节，我们和幼儿园的一起吃烧烤、包粽子；文艺汇演，幼儿园为我们精心准备了精彩演出。

现在，两所幼儿园已经成为上星这个大家庭的重要组成部分，很多小朋友后来就读于上星学校。当他们走进熟悉的校园时，不知是否还记得曾经的那些欢声笑语呢？

★ 没有爱，就没有教育

——香港"厨师哥"事迹的启示

2022 年秋天，上星学校迎来一批学子，也迎来多位新教师。为了尽快了解新成员，我频繁探访新人所在的班级。虽然面对的是新班级、新任务，但新教师们激情饱满，忙于备课、上课、管理班级。

其中，一位商调过来的体育老师有些与众不同，在完成本职工作之外积极参与学校各项事务，如外出流调时冲锋在前、时常为学生准备礼物惊喜，他的身上似乎有着一种超乎常人的工作热情与力量。这让我想起我在香港教育大学求学期间，一位教授讲述的"厨师哥"的故事。

"披星戴月上班去，万家灯火回家来。"这句话精准描述了厨师哥的一天。因为人手有限，厨师哥需要负责所在幼儿园几百号人的吃饭问题。他顶住压力毅然承担起这项任务。每日天色尚未晕开，厨师哥便出发上班了。忙完早餐，就得马不停蹄地为午餐做准备，洗菜、切菜、做菜、装盘，罕有走出厨房休息一刻的机会，以至于有人戏称他为"消失的厨师哥"。

而在厨师哥看来，解决了吃饱的问题还不够，更要让幼儿吃得科学、吃得有营养。为此，他花费大量时间学习儿童营养学，根据小朋友们的身体特征和营养需求制订菜谱，保证每周菜品口感美味、营养均衡，且一周之内菜式都不重复。他的做法受到了全校师生的一致喜爱，大家都说就爱吃他做的菜。

一所好的学校应当像家一样温暖。老师一天之中的大部分时间都是在学校度过的，将自己最宝贵、最重要的时间交给了同事与孩子们。这位厨师哥将学校真正当成了自己的家，将小朋友们都当成了自己的孩子，主动承担起许多所谓"分外"的工作。

一人包揽整个幼儿园的早午餐本已压力重重，但由于幼儿园男性职工较少，厨师哥又义不容辞地负责起了学校的安保工作，为孩子们筑起一道安全的城墙。每天，厨师哥都会准时出现在幼儿园门口，带领队伍指挥道路交通，弓下身子，面带微笑地牵着孩子们的小手，一个个送到家长怀中。有时看到不文明行为，厨师哥会走快步上前，语气温和地提醒家长注意，同时用手指着路标给家长做示范。幼儿园大大小小事务，他都会主动提供帮助，热心参与。数十年如一日，为幼儿园竭尽心力，不求任何回报，毫无怨言。在幼儿园师生的眼里，他俨然是一个大管家，一个无所不能的超人。

当我和班上的同学听到这位厨师哥的经历时，不禁肃然起敬，看着荧幕上衣着整洁的厨师哥，沉思许久。

我初来深圳时，深圳刚建设不久。我怀着一腔教育热情在海滨中学做代课老师，面对学生多、老师少的困境，我一个人承担了整个年级十个班、每

周二十多节的政治课。同时，我还担任学校法律兴趣小组和辩论队的主教练，负责周一至周五每晚七点至九点半的晚修，主动参与学校的各种活动。忆起那段时光，我觉得充实而快乐。不被压力所压倒，带着对教育事业、对学生全心全意的爱与关怀全情投入，不负自己也不负教育。或许正是因为我深知保持这样一份爱心的可贵与艰难，所以对厨师哥更多了一丝钦佩。

苏霍姆林斯基曾说："没有爱，就没有教育。"这句话强调了"师爱"的重要性，爱是施行教育的前提。如果一个老师不爱自己的学生，不爱自己的工作，更谈不上去奉献教育，去践行教书育人这一神圣职责。

我们这个时代，甚至是每一个时代都需要厨师哥这样的人，需要他积极向上、甘心奉献、不辞辛劳的精神图腾，引领我们不断前进。他是一位厨师，也是一位保安，更是一位真实的教育者，是每一位青年教师的老师。把整个心灵献给孩子们、献给教育，我们才能更好地走近他们，帮助他们。

后来听说这位厨师哥被评为香港年度教育人物。我开始有些诧异，转念一想，教育不正是如此吗？一视同仁。厨师哥对教育、对孩子们的爱始终如一，足以取得这项荣誉。

校园应是幸福的家园

现代教育理念强调以学生为中心。在宏观上，我们的教育目标是培养全面发展的社会主义接班人，微观上，我们的教育也是为了学生实现自我价值，获得幸福快乐。而要培养阳光、快乐的学生，必须关注到教育的另一个主体——教师。作为教育的主导者，教师的幸福感及对学校的归属感都与学生休戚相关。斯坦福大学教授诺丁斯很早就提出了"一个幸福老师才能教出幸福学生"的幸福教育观。

在日常工作中，时时关心与支持老师们，如建设教工公寓、教工食堂、篮球场、网球场、羽毛球场，提供下午茶、早餐奶等暖心福利，这些都提高了教师的幸福感和归属感。

功夫下到平日，关爱融入日常。而日常之外，更需要我们用心对待。例如，新老师入职后，我们就应当充分理解他们对待新环境新挑战的心态，适时地加以鼓励和带动来帮助他们尽快地融入学校这个大家庭。更例如在我们中华传统节日来临之际，那些为实现教育理想而背井离乡的老师们对家乡及家人的思念之情、则成为我们需要关注和疏解的关键。

　　在端午节来临之际，为了让老师们在学校中也能感
受到如家一般的温暖，学校工会精心准备了"家"味浓郁的
端午活动。端午一早，食堂就开始了一天的忙碌，泡粽叶，淘洗糯米，备好
制作粽子的各类材料。老师们来到食堂，就可以跟随食堂师傅学习包制粽子。
包粽子的过程中，刚学会的老师难免不得诀窍，难以系紧棉绳包住馅料，老
师们便开始相互帮助，一人捏住粽叶，另一人将粽子"五花大绑"。在大家
相互观摩学习、相互帮助协作中，一只只或大或小、或精致或粗简的粽子就
这样慢慢堆满长桌，各年级课任老师、行政老师都乐在其中。在这样一种氛
围里，年级、职位、地域等种种间隔被消弭，孤独寂寞之感被团结和谐的氛
围冲散，取而代之的则是一种温馨与快乐。

　　到了晚上，端午活动的重头戏才算正式开场。食堂做好一桌桌围餐，老
师们根据座牌纷纷落座，开始享受可口的佳肴，其中当然少不了老师们辛勤
忙碌的成果——亲手包制的粽子。用餐过程中当然少不了娱乐活动，各年级
老师都提前准备好一个节目，小品、歌舞纷至沓来，不时响起阵阵笑声和掌
声，聚餐气氛也随之调动起。工会也为老师们准备了小礼品，不时穿插的抽

奖环节给老师们带了许多小惊喜。觥筹交错间老师们关系愈发融洽，此刻坐在一起的老师们不再有行政、课任之分，不再有年级、科目之别，而是共同举杯欢庆佳节的一家人。随着气氛愈发热烈，一首《当》将全场的氛围推上顶峰，在场的老师们全都加入进来，一起挥动双臂，齐声唱出了"对酒当歌唱出心中喜悦，轰轰烈烈把握青春年华"这一句共同的心声。

特殊时节的特色的调剂，特殊情形的特事特办，最大限度满足老师们工作生活中的各种身心要求，力求每位老师都带着愉悦的心情工作，满溢着幸福生活。我们相信，只有这样的老师，这样幸福快乐的老师，才能用爱传递爱，用爱创造爱，才能培养出幸福快乐、健康成长的学生。正因如此，多年来我始终坚持"做幸福老师，育快乐学生"的办学理念，力求打造出一所有制度更有温度的学校。

我们的人生有"三天"——昨天、今天和明天。昨天已过，明天未至，我们唯一能把握的只有今天。所以我们一定要让每位老师都幸福地度过每一天，抓住每一天的幸福，就是抓住一生的幸福，让每一位老师都获得幸福，让每一名学生都感受到幸福，校园也就成了幸福的乐园。"做幸福老师，育快乐学生"应当成为每一个教育工作者共同的追求。

一场别开生面的演讲比赛

　　教育大计，教师为本。教师专业素养决定一个人、一所学校乃至一个国家的未来。我一直认为，学校、学生发展的前提是教师专业发展。那么，怎样才能促进教师专业成长呢？

　　一场别开生面的演讲比赛应运而生。比赛看似简单，但凝聚了学校无数人的心血。

　　教学处本是按照传统演讲比赛模式设计活动流程，但是我认为应适当升华，故加了一个"最美教育心路历程讲述者"评选活动，每位讲述者进行3~5分钟的演讲，然后现场抽题，进行一两分钟的答辩。除此之外，我们还特别邀请了福永中学平怀林校长、荣根学校范光明校长等外校校长作为演讲比赛的专家评委，为各位选手的表现打分，综合网络投票，颁出"最美教育

心路历程讲述者"6名和"最美教育心路历程讲述者提名奖"5名。比赛结束后，专家们对参赛老师进行了专业指导，既肯定了参赛老师认真严谨的备赛态度，又对参

赛老师的演讲内容和形式提出了可行、宝贵的改进建议，在场人员深感受益匪浅。这次演讲比赛给上星青年教师提供了一个近距离与专家交流的平台，对于新教师专业成长起到了积极的促进作用。

决赛舞台上，11名老师以爱为出发点、以责任为根本，讲述自己的故事，感染了在场的每一位听众。整场竞赛，参赛老师时而理性，时而感性，时而豪放，时而隽永，声情并茂，博得了观众们的阵阵掌声。

教师成长离不开读、写、思，也就是我常说的"练好嘴巴子、练好笔杆子、练好脑瓜子"，这些是老师的基本能力。读，即输入，"行万里路，读万卷书"，教师只有持之以恒地阅读相关专业书籍，才能不断提高自身文化素养，培养出爱读书的学生；写，即输出，较好的写作能力有助于教师更好地教书育人，无论是总结成功的经验还是工作中的疑问、不足，教师思考和文字梳理，尤其是对不同类型的学生，进行教育时，采取怎样的方法和措施，能够有效地解决问题，这对于我们今后的教育教学工作将是大有裨益的，这也是我在教学任务之外会要求老师们要写论文、写教学反思的原因。而思考则是嵌入整个读与写读过程中的。语言是思维的外衣，只有做好了读和写，我们才能更好地表达和传授，这次演讲不仅仅锻炼了老师们的语言组织能力、表现力、临场应变能力、心理素质等各方面，专业的问答也训练了老师们的

思维，考验了他们对教育教学理论、教育热点的积累，这对每位老师都是一种挑战，不仅在学校营造了教师能表达、善表达的良好氛围，而且实践了我校"做幸福教师，育快乐学生"的办学理念。

我校建校不久，青年老师居多。他们从服从老师安排、只需按时完成老师布置的作业就好的学习者，转变为三尺讲台上传道受业的师者，身份的转变让他们措手不及。这次比赛之后，很多老师开始深入思考自己未来专业发展道路及在之前教学过程中的困惑及不足，倒逼自己成长。这次演讲活动并不是终点，我们更应该看到演讲背后带给我们综合能力成长的思考和启发，以此为契机，在今后的教育教学活动中，以崭新的工作姿态、饱满的精神状态、昂扬的斗志、务实的作风，勇于担当、奋发进取，以实际行动践行"做幸福教师，育快乐学生"的理念。

学为人师、行为世范，这是我们的永恒追求！

★ 一位老师的特殊申请

在 2022 年 5 月 7 日的校长办公会议上，有一个特殊的议题是上学期商调过来的姚少娜老师写的一份申请。姚老师原本在龙华一所学校任教，结婚多年现在终于有孕在身，每日站着上课倍感体力不支，医生给出的建议是让她多休息。她通过办公室提出申请，希望上课的时候可以稍微坐一下，以缓解一些压力。

多么可亲可敬的一位老师啊！据我所知，在某些学校，某些教师一旦有孕就马上请假，以保胎为由长期在家休息，把学生、学校都抛到了脑后。学校一般都认为兹事体大，怕出意外解释不清，只能准假。这样一来，学校必然要重新调整教学工作安排，十分被动。

我们的姚老师没有这么做。她竭尽全力克服自身的困难，坚守在课堂这块主阵地上不肯离岗。

姚老师住在航城街道，每天上下班需要自己开车半个多小时。作为一名语文教师，为了能够早一点陪学生们早读，她六点多就要起床，但怀孕以来，姚老师除了必要的产检，从未迟到早退过。

随着孕周增加，姚老师的身体逐渐臃肿，原本轻盈的步伐日益沉重，可是她对待工作、对待学生的那份认真却从来没有改变过。面对别人的关心，她总是回答"没事"。作为两个班的语文老师兼副班主任，从上午第一节课一直忙到中午吃饭是姚老师的常态。同事们劝她早点午休，她回道："没事没事。"过一会儿，她又到班上为孩子们提优补差，批改作业。

不仅如此，姚老师还积极参加班级家校商谈、各级教研活动，撰写多篇教案、论文。甚至休假期间，她也主动跟家长交流学生的期末复习情况。

　　怀胎十月的艰辛非为人母不能体会，但从早七点忙到下午两点的辛苦，我们都有感受。姚老师毅然承担起两个班的繁重教学任务，瘦弱的身体里蕴藏着巨大的能量。想到以上的一幕幕，我又感动又心疼。那些时刻，她只把自己当作一位老师。

　　如果只能用一个词来概括姚老师一切付出的源头，那就是"师德"：是师德支撑着、激励着她克服身体的不适坚守岗位；是师德让她放弃安逸，选择了学生和学校，让她的精神品格显得如此的光辉亮丽。这是一位真正以学生为中心的优秀教师、一位我长久以来寻找的上星榜样！

　　因此，当我知道姚老师的请求后，不仅在行政扩大会上立马批准姚老师的申请，还重点表扬了姚老师，要求全校教职工向姚老师学习。我对姚老师承诺：有什么问题都可以提出，学校会想尽一切办法解决。上星学校有姚老师这样的榜样，真乃学校之幸，学生之幸！

　　更加美好的是，在虎年新年即将到来之际，姚老师的宝宝健康降生。按捺不住喜悦和激动，姚老师第一时间将这个好消息告诉了我们，我们悬着的心也终于放下了。我知道我们的努力没有白费，上星学校一定能够在未来的道路上同心同德，同向同行，越来越好！

⭐ 做幸福教师，育快乐学生

我们为什么选择教师这份职业？

每天这么忙碌有意义吗？

有职业幸福感吗？

学生对我们的教育工作感到满意吗？

学生快乐吗？

……

作为教师，我们经常会想到一些既简单又深刻的问题。

曾经是一名代课老师的我非常理解教师职业的难度与价值。我也曾被这些问题所困扰，随着自身的成长逐渐找到答案：做幸福教师，育快乐学生！

教育家叶澜认为："教师是教育事业和人类精神生命的重要创造者，他的工作是不断地向他的智慧、人格、能力发出挑战，成为推动自己学习、思考、探索的不竭动力，给他的生命增添发现、成功的欢乐，自己的生命和才智也在为事业奉献的过程中不断获得更新和发展。"可见，教育工作者应提升职业幸福感，以自己的幸福感染家人，培养快乐、幸福的学生。

一、幸福之源在于职业认同

唐代韩愈道："古之学者必有师。师者，所以传道授业解惑也。"我们踏上三尺讲台，选择教师这份职业，也就选择了安静，选择了平凡，选择了担当民主大义的使命。时至今日，我们经常能听到"压力大、负担重、待遇低"等对教师职业的怨言与评价，世俗的看法总是有意无意地刺激着我们、影响着我们。可是不做教师这一行就不累了吗？我们看看卫生系统的同志们、公安系统的同志们、在企业奋斗的朋友们，哪个行业都有责任与压力。关键在于我们对职业的认同感。我经常跟老师们说，如果的确觉得教师这一行业不适合自己，就应该趁早重新规划职业生涯。没有爱就没有教育，没有认同就没有幸福。教师只有在自我的职业高度认同中才能发现自我，才能迸发出良好的状态，才能孕育幸福的种子。《道德经》有云："知人者智，自知者明。"所谓"明智"，就是人面临选择时的睿智和理性，是站在人生十字路口时的理智和坚毅。如果老师能明心启智，认定教师这份事业，"幸福"自然伴随而来。

二、幸福之路在于勤奋学习

教师获得幸福的一条路径是"勤奋学习"。勤奋是一种态度，更是一种美德，精深的专业造诣有赖勤奋好学。我们关注教师的专业成长，遵循教师成长规律，指导不同阶段的教师制订生涯发展规划。教师扎根于教育教学实践，以"归零"的心态持续学习新知。

针对青年教师，学校设计《青年教师发展手册》引导青年教师树立职业发展目标、开发青蓝工程帮助新教师专业成熟；针对中年教师容易出现的职业倦怠问题，学校鼓励其发挥引领作用，激发工作热情，引导树立终身学习的意识。学校通过营造浓厚的读书氛围、开展专题讲座等，鼓励教师多读书，用书香丰富自己，推动教师主动学习、探究。教师只有将"要我发展"变成"我要发展"，才能将成长与发展作为自己的人生追求，才能真正在发展的过程中体验成功的幸福。

三、幸福之阶在于和谐共进

一个优秀的团队，应该是一个和谐奋进的团队。教师们在勤奋学习中收获知识、在职业奉献中体验快乐、在集体探究中启迪智慧、在团结协作中凝聚力量、在创新实践中实现理想。只有在这样的氛围中快乐工作，才能获得精神上的愉悦、心灵上的享受。管理心理学认为，群体的准则、规范、舆论和人际关系，往往会形成一种无形的压力，有效地影响和改变一个人的态度。

群体的影响对个体不仅具有约束力，更具有榜样示范的作用。因此，只有把建设一支和谐奋进的教师团队作为学校健康可持续发展的重中之重来抓，才能以优秀团队感召个体内在的成功需求，才能以教师团队的高品质成就学校的品牌。

四、幸福之蕴在于人文关怀

人文关怀，通常情况下是站在人类的价值和本质的角度，以人为本，在精神和物质两个层面，更好地体贴人、关心人。学校将人文关怀运用到学校管理工作中，能促进师生交流，让师生在校园中感觉到被尊重，推动学校健康稳定发展。教师的辛勤劳动应该得到尊重和肯定，学校必须保障教师的合法权益，积极组织人文关怀活动，向教师传递温暖与关爱。

我们利用空余时间多次举办体育、文娱活动，满足教师的精神生活需求，如足球赛、猜灯谜、包饺子等；设置人性化的教师考勤制度，如弹性上班、不允许带病工作、不允许晚上八点后再进办公室加班；全方位关怀教职工，如教职工生日的礼品卡、校长亲笔书写的春节贺卡等，都饱含浓浓情意，温暖教师心灵。

学校重视教师心理健康，创新管理体系，展现了管理的人文性和有效性，让教师感受到尊重、体验到幸福。

五、幸福之境在于成己成人

教师幸福的最高境界在于正确地认识自我，能动地完善自我，把握自身生命发展的主动权，与学生一起健康、快乐成长。

"做幸福教师，育快乐学生"是上星学校的办学理念，目的是让孩子在获取知识的同时，体验生命成长的快乐，达成知、情、意、行的统一，获得人格的圆满和人品的提升。

因此，教师必须拥有阳光心态，用发展的眼光看待学生的成长，用积极的能量感染学生；在教育教学活动中，引导、鼓励、关怀每一名学生，营造和谐氛围，进行快乐教育。"分数"可能让学生赢得今天，但赢不了明天，谋求学生长远发展才是教育的应有之义。我们应用爱去实现幸福的最高境界——成己成人。

总之，播洒阳光的人必会收获一缕阳光，传递快乐的人也必会获得一份快乐。从成为教师的那一刻起，我们就背负了塑造人与培养人的教育使命，从细节做起，从探索做起，从心理疏导做起。

做幸福教师，育快乐学生，我们义不容辞，我们正在努力！

教育，应成己成人

★ 不做课题的局外人

2022 年 11 月 28 日，学校申报的省级课题"新时代校园足球创新实践探索"在广东省青少年校园足球暨学生体质提升专项课题中成功立项。这是学校的一件大事，更是一件喜事。自创办塘头学校以来，我就致力于发展学校体育教育，推广足球课程，来到上星后更是将足球课程作为学校的普及课程加以推广。收到广东省青少年校园足球暨学生体质提升专项课题申报通知后，我就带领工作室成员和学校科研团队开始梳理并积极申报，由于工作室做了大量前期研究和准备工作，在区教育局和教科院领导的大力支持下，课题脱颖而出，并被推荐参加广东省教育研究院组织的全省专家遴选，最终成功立项。

除此之外，学校市级课题"未来学校理念下新校教师发展联盟构建研究"也顺利申报；宝安区 2022 年度"十四五"规划课题申报中，学校 6 项课题通过并立项；校级课题开题 20 项。如此一来，学校省、市、区、校级课题齐头并进，形成了浓厚的以研促教科研氛围。这让我感到高兴和欣慰，也让我想起了我重视课题研究、积极鼓励老师们做课题研究的初心。

为什么要做课题研究？有经验的校长和老师都知道，学校发展离不开科研的助力，一个好的课题可以促进学校工作多方面的良性循环，营造学习、合作、探究和变革的氛围，让广大教师参与进来，催生出新的研究成果。课题的最大作用就在于研究过程中点滴积累和螺旋式的提升。校长带头做课题，做科研，目的是联动学校各部门通过学习与实践提升学校办学质量；教师做课题更是要立足学科本位与育人本体，在研究与实践中提高对教育的认识，提高解决问题的能力，提升自身专业素养。

课题研究有利于教师的个人成长。有些老师觉得平时工作太忙，既要处理班主任事务，又要备课、批改作业等，没时间做研究、写论文。与年轻老师交流也发现，他们缺乏经验，不知道做什么课题，更不知从何做起。其实，课题研究是时代对教师职业提出的新要求。在当前国际化、现代化、城市化、信息化的时代背景下，教育需要学习型教师、研究型的教师，教师要不断学习、成长才能跟上时代的步伐，而课题研究就是教师专业成长的重要途径。研究课题要学习相关的理论，需要辨析，需要实践，能够申请课题、主持课题、完成课题，是教师专业发展的良好平台，所以课题研究的真正意义就是促进教师的专业成长。

"众人拾柴火焰高。"一个人的智慧和精力是有限的，但团队的力量是无穷的。学校要做的就是充分发挥课题组、教研组等教师群体的作用，让每位教师参与进来，

在活动中发挥自己的
优势，充分发挥集体
的智慧，提高工作效
率。比如，区课题的
申报中，课题主持人
陈凯华、李娜、刘宇、
蔡惠娜、苏莉菲、利
燕妮等老师，她们均
为学校骨干教师和级

科组负责人，课题有学科类，也有德育类。她们带着级组、科组的老师一起
做课题，发挥集体的智慧，起到了引领辐射的作用。"众行远"说的也就是
这个道理。除此之外，学校还要多"走出去"和"引进来"，让老师们多学
习、借鉴外界优秀经验。我相信，长期坚持研究课题，教师的职业生涯会越
来越丰厚。

　　苏霍姆林斯基曾经说过："每个人的心灵深处都有一种需要，那就是成
为一名发明者、探索者、研究者。"我欣慰于学校的学术氛围日渐浓厚，老
师们越来越主动地参与课题研究。不做课题局外人，以课题为抓手，营造和
谐温馨的研究氛围，调动各方面的力量形成向心力，不仅有利于教师的专业
成长，更有利于推动学校高质量发展。

★ 从教育机智到发展机制

　　新学校的发展有赖于新教师的加入。如何适应职业、融入学校，是新教师首先要解决的问题。对此，梁泽健老师就以他的行动为我们上了一堂课。梁泽健老师在学校网课突然断网时，以最快的速度拿着笔记本到操场继续上课，充分体现出了教学机智。作为一名刚入职的教师，梁泽健老师在工作中成熟稳重，能够快速想出解决问题的办法。新教师是实践课堂改革的先锋，我想向新老师提出以下四点建议，帮助新教师站稳讲台，持续进步。

　　一要融入。教师这个职业并不是一个孤军奋战的职业，在学校中有很多的前辈教师。新教师应该主动融入学校这个大家庭，发自内心地认为自己是大家庭中的一员。倘若觉得自己不属于这个学校，那还谈何教学、谈何发展呢？新教师要积极利用学校资源，多向前辈请教。学校谋划了青蓝工程，组建了教师发展联盟，都是为了帮助新教师适应身份的变化。它山之石，可以攻玉。新教师不要怕自己麻烦，也不要怕麻烦老教师，多问才能多进步。

　　二要多教。教师说到底是教书育人的职业，新教师最重要的就是修炼专业技能。新教师可以借助网络资源及教育刊物充实自己，如在网络上了解课程改革方向、教学成功经验、行业前沿信息等。青年教师能够熟练使用网络设备，更应及时更新知识储备，用先进的教育理念充实自己的头脑，博览群书方能触类旁通。并且新教师要多写，如果教师都懒于动笔，那如何教出勤写的学生呢？在教学实践中，教师会有不同的体验，产生一些思考，一名优秀的教师能够抓住稍纵即逝的灵感并记录下来。通过实践总结的经验，可能是看多少篇论文都无法获取的。

三要积极。新教师来自五湖四海，初来深圳者必然会有一些不适应。如果学校这个大家庭不能给予老师生活上的帮助，不能让他们感受到学校的关怀，他们就不会对学校产生依赖，不会认同自己是学校大家庭的一分子。疫情防控期间，学校新老教师组建了疫情互助群，健康教师主动为生病的教师送饭、送快递，让这些生病的教师能够感受到学校给予他们的温暖。在深圳出生成长的新教师也发扬友爱精神，主动组织团建活动，让外地教师感受到深圳活力，将深圳当作自己的第二故乡。

四要厚积。作为一名新教师，应该有自己的职业规划。刚入职的教师处于拜师与模仿的阶段，要多向老教师请教，学习备课、上课、批改作业及测验等教学常规，多学习优秀教师的精品课堂，线下多听课，线上多学习，将教学知识转化为自身专业能力。入职一段时间后要打磨自身基本功，培养自己"三字一话"的能力；学习抓住教学重点、掌控课堂节奏、了解学生心理状况、分析学生学习情况、独立进行教学设计；建立现代教学观念，学习名师教学技巧，形成自己的教学风格，成为能够胜任教学岗位的教师。同时，结合自身教学经验，探索教师职业发展路径。

青年教师是教学的活水，是学校的基石。青年教师的成长对学校发展起着至关重要的作用，是学校可持续发展的关键环节。时间就是生命，新教师更应分秒必争，将宝贵的时间用于磨炼自身，将自己的能力倾注在教育事业当中。

★ 《面向个体的教育》读后感

教育的宗旨是让每一个人与生俱来的潜能得到最大限度地激发。我们的教育理想是，让每一位学生及教师都富有个性，好的学校教育不仅面向学生个体，也应面向教师个体。李希贵校长撰写的《面向个体的教育》，适合教育工作者及关注教育者阅读。

一、好读

《面向个体的教育》一书通俗易懂。"好读"有三层意思：一是每篇的篇幅不长，两页左右，读者在阅读时毫无压力；二是文字朴实近人，没有过多的修辞和高深的理论，与校园生活紧密结合，内容易于被一线教师吸收并借鉴；三是实践案例丰富，其中蕴含的教育教学理念令人耳目一新，使人不由得审视自己的教育教学理念和行为，并产生新的思考。

二、奇妙

在读的过程中，我不时感叹着书中关于教育的"奇思妙想"。作为教育工作者，我尤其欣赏书中随处可见的比如"当教育成为服务业""取消班主任""让校园里生长学生的想法""学校狂欢节""让选择成为学校的主题词""学生为学生颁发奖学金"等洋溢着人文关怀的表述，真正贯彻促进人"全面自由发展"的教育目标，帮助学生从自身实际出发思考并发现问题，进而寻找解决问题的思路和对策。

三、启智

《面向个体的教育》一书让我了解到了一些前沿教育理念，我也对教育有了更深刻的认识。

（一）"以人为本"是现代教育管理之根本

苏联教育家苏霍姆林斯基的教育思想对我的影响较深。在长达35年的教育生涯中，他始终坚持执教一门课，坚持深入课堂听课，坚持学习教育理论，坚持开展教育研究和教育创新。他的眼中有学生，心中有学生，能站在孩子成长、发展的角度进行教学实践。他创造性地将"全面发展""和谐发展""个性发展"融合在一起，提出了"个性全面和谐发展"的教育思想。

其实"以人为本，因材施教"早在两千多年前的孔子就已提出。回看今天的教育，功利性、形式主义影响着我们的教育思想和教育实践。为了应付评估和检查，翻转着素质教育、应试教育两张皮，虽高举着注重全面发展、提高素质教育的大旗，但实践中却实施着高耗低效，机械落后的教育。可能在时间上我们与孔子、苏霍姆林斯基相隔较远，但他们的思想和理念时刻影响着我们教育人，那就是"以人为本"。以人为出发点和中心，围绕着激发和调动人的主动性、积极性、创造性展开，努力创设以人本管理为核心，以人性化管理为原则，以尊重人格为前提，让教育回归本真。

（二）课程改革是教育发展之内在需求

　　课程改革的深入研究是推动教育事业科学发展的内在需要，我们必须牢记改革很困难，不改革更艰难之哲理，坚持机制中探索与推进，遵循教育发展的内在规律，坚持继承和创新相结合，才能打造生命课堂实现生命教学。

　　英国教育家斯宾塞说"课程就是学生通往成功的一条路径"，是引领学生走向知识彼岸的最有效路径。北京十一学校的做法让我认识到课程设计直接关系到学校的教育教学改革。学校根据学生差异、个性需求开设了丰富且适合学生个性发展的选择性课程，根据各学科难度分层次教学，促进学生不失个性的全面发展，让每一个学生都成为他自己。"走班制"这种形式就像在每个学生心里装上了一台"自我助力的发动机"，最大限度地发挥了学生的学习主体地位，调动了学生的学习自主性和积极性。

　　李希贵校长的理念和实践让我感受到，他尊重生命、尊重时代，始终站在时代的前沿勇于探索、敢于担当。十一学校的改革，将以人为本的教育思想落实在学生身上，培养学生的创新精神与自主性；落实在教师身上，体现教师专业发展的学术性与引领性；落实在管理中，提升教育管理的科学性与人文性；落实在课程改革中，突显改革的国际性与创造性。在李希贵校长身上我看到了教育就是引领、教育就是影响。

（三）与国际接轨是中国教育走向世界之途径

时代在发展，社会在进步，教育发展方向必然要随之转变。教育只有转向优化结构、改善培养方式、提高教师素质、创新管理方式的轨道上来，才能真正实现教育的健康发展。

中国的教育要走向世界必然要与国际接轨。怎样接轨？这就要求我们在课程设置、教材编写、教师队伍建设、教学管理、人才培养、评价方式上，积极渗透国外先进办学思想，形成开放办学的体制机制。在加强中华民族优秀传统文化教育的基础上，加强学生国际理解教育，着力培养学生理解与尊重、开放与创新、现代意识与国际视野。

当然，与国际接轨不能盲目地模仿，我们应该明晰现代教育理念，通过探索、研究、比较做出正确的价值判断。只有正视差异，尊重自身传统，保持特色，适度融合，才能真正实现教育的国际化。

《面向个体的教育》带给我很多的感触，它让我换一种理念、换一个思路，换一个视角来看我们的教育。当然也许我们并不是能战胜一切的英雄，但是我们至少通过它让我们拥有了一种梦想和目标。

⭐ 读万卷书，行万里路

　　办学理念是引领学校发展的旗帜，是一所学校文化底蕴、办学精髓的积淀和升华，是师生共同的价值追求和理想信念。在我看来，衡量一所好的学校的重要指标是：学校的文化氛围、文化理念。"读万卷书，行万里路"很好地概括了我对上星学子和教师们提出的文化理念与要求。

　　为了构建特色校园文化，营造书香校园底蕴，形成浓厚的校园读书氛围，我校以"书香浸润童年，阅读点亮人生"为主题开展一系列阅读活动。根据学生的年龄特点，分年级组织学生利用线上阅读打卡、与我阅读过的图书合影、"故事小明星"阅读分享大赛，绘制读书小报、思维导图等多种形式，将读书活动开展得有声有色。在全校形成人人爱读书的良好风气，真正地做到阅读得快乐，好书伴成长。

　　为了更好地营造浓郁的家庭读书氛围，激发学生和家长的读书热情，让读书成为习惯，让书香飘满校园，学校推出"亲子共读"活动，为每一位小

朋友都发放了绘本，邀请家长与孩子共读同一本书，这一活动收获了家长们的一致好评。在共读的过程中，家长们每天都会抽出时间与孩子们一起邀游在书的海洋中，

并用手机记录下亲
子阅读的宝贵时光。
通过亲子共读，父
母和孩子不仅提高
了安全意识，还在
每天的共读时光中
加深了亲子之间的
感情，让陪伴变得
更有温度、有深度。

　　与此同时，"读万卷书"的理念也贯穿于教师实际工作中。我们倡导的
是：要能指导好学生读书，教工就必须"行为示范"，自己要树立终身学习
的理念，养成终身读书的良好习惯。我作为校长，首先带领中层干部以身作
则，经常分享一些好书到学校群，带头阅读。青年教师是学校的希望和未来，
青年教师的发展是上星学校发展的关键，因此我校还开展了青年教师成长营，
赠予了新教师们《大数据时代》《给教师的100条建议》《面向个体的教育》
等优秀书籍。

　　"读万卷书"是教师专业发展的基础和保证。为了提高教学水平，学校
每周以教研组为单位组织一次"读书分享"活动。每年寒暑假，学校都要让
教师开展读书征文活动，要求每位教师在假期选购一本书，并完成一篇读书
心得。

　　书本知识必须与社会实践相结合，防止只会纸上谈兵而无实践能力的
"书呆子"。我校积极倡导社会活动，利用春游、秋游、社会实践等活动，
精心安排一系列的学生社会实践活动。比如小学部在"强国有我，劳动光荣"
童乐一号实践活动中，学生体验了用石磨做豆浆、在田园中插秧、探究葡萄
栽培、制作香包、捶染植物、捉泥鳅。"行万里路"不仅丰富了学生的课外
生活，还使学生的创新精神与实践能力相结合，培养了他们的团队精神和社

会适应能力。

初中部组织学生前往深圳大鹏半岛，开展"穿越地质年代，探索神奇大鹏"主题研学活动。在大鹏半岛国家地质公园博物馆，同学们了解了岩石的形成和类别，认识了常见的矿物类型和特征，在大鹏古城，同学们团结互助，完成了定向越野，漫步沙滩，寻找宝藏。通过一天的学习、探索，同学们了解了老师所讲的知识，既愉悦身心又启发思维。

在积极开展学生"行万里路"活动的同时，教师们也常常进行各种外出考察、学习活动。因为只有接触、了解社会，才能拓宽专业视野。在创校的第一年，我带领全体教职工赴盐田区的兄弟学校——云海学校进行教学交流活动，取他人之长补己之短。为了庆祝建党100周年，我组织教师前往东江纵队纪念馆开展研修学习，缅怀革命先辈的光辉历史，勉励教师们在以后的工作生活中不畏艰难、砥砺前行。

为帮助新教师快速融入校园生活，我校组织了主题为"新时代·新征

程·'星'希望"的
凤凰山登高活动。我
携同各部门的主任一
起带领新教师们徒步
攀登凤凰山，共同体
验"一步一个脚印"
的成长之旅。为了让
班主任们能更好地接
近生活、亲近自然，

我校还在一年一度的"班主任节"带领大家去往南山的红树林公园，面朝大
海，赏日落，分享班主任工作的心得体会。

在"石岩湖绿道欢乐跑"活动中，我带领老师们一起跑步。正如我校
校训"阳光、勤奋、感恩、创新"，上星学校全体教职工享受健康生活，时
刻保持阳光心态，以感恩的情怀回报社会，从而"做幸福教师，育快乐学
生"！在我的带领下，学校各科组、级组、办公室相继组织了各种活动丰富
教师们的业余生活，如朱校带领大家体验田园生活摘荔枝，韩主任组织大家
暑假前往四川旅行，老师们自行组团，利用寒假暑假时间一起"行万里路"，
不仅加深了同事之间的感情，也拓宽了老师们的视野，有助于老师更好地开
展学科教学。

《传习录》载："知者行之始，行者知之成。"希望上星师生在"读万卷
书，行万里路"理念引领下，都能成为有眼界、有格局、有能力的"大人"。

基于"共进"的教师专业发展路径
——青年教师成长营

　　近年来，教育高质量发展一直是教育工作者谈论的热门话题。促进教育高质量发展的因素很多，涉及学校管理的方方面面，如制度与机制的改革、学校课程改革、教学模式的探索、教师培养等等。宝安教育系统干部选拔考试中有一道题是这样问的："你认为宝安区学校教育管理中的突出问题是什么，请谈谈你的建议。"这是一道开放性问题，选择哪一方面都可以答。那么对于我这样一位创办过三所学校的校长，又该如何思考呢？三所学校性质不同：一是重建的龙井中学；二是由村小改造为九年一贯制学校的塘头学校；三是全新的上星学校。我认为，学校发展的根基应该是人力资源。

　　教育大计，教师为本，教师是学校发展的生力军和核心竞争力。教师如何发展，学校也就相对如何发展，学校教育要高质量发展，教师也就得高质量发展。目前，宝安区的学校，有历史超过 30 年甚至 100 年的老校，也有像上星学校这样刚刚开办的新学校。两种类型的学校都面临着教师发展的问题：一是老校教师结构"老化"，年龄断层，教师职业倦怠较严重；二是新校教师太年轻，多为刚毕业的大学生，教学经验严重不足。要将学校办成市民满意的优质学校，必须快速提升教师专业能力，使学校步入内涵式发展的轨道。因此，教师专业化发展将是新校发展奠基阶段的重要工作。

　　纵观全国，教师专业化发展仍然存在诸多问题：

　　一是从教师的专业知识来看，现行师范院校课程的设置不利于入职前教师专业知识的养成。目前我国师范院校的课程设置过于强调各核心专业的学

科知识，专业基础课比例过大，而与一般教学知识、学科教学知识、情景教学知识相对应的教育专业课程比例过小。这使得师范院校的学生在班级管理、教育科研、教育评价、教学实践、多媒体教学等方面缺乏有效的训练。因此，不利于入职前教师专业素质的养成与入职后教师专业能力的提高。

二是从教师的专业道德来看，社会对教师的道德期待和教师自身的道德要求之间存在着一定的差距。特别是在当前改革开放的环境下，存在着某种程度的师德差距与职业怠倦等现象。

三是从教师的专业发展来看，大多数教师缺乏必要的在职进修与培训。许多教师长期工作在教育教学第一线，缺乏必要的专业再教育，这使得教师们在面对新的教育理念、教育教学理论以及现代信息技术的冲击时，力不从心、束手无策。

四是从教师的专业自主来看，教师专业自主发展的现象比较滞后。学校过多地强调教师的自律意识，忽视了教师的责任意识，这既严重地阻碍了教师专业的发展，又容易导致教师的职业倦怠。

五是从教师培训模式来看，目前的教师培训模式比较单一，内容较为枯燥。很多学校没有过多思考教师培训模式，只重视培训内容、任务，往往为了培训而培训。教师们只将培训看作任务，因此培训收效甚微。

面对当下教师专业化发展问题，面对平均年龄只有 27 岁，且 80% 以上教师是刚毕业的青年教师，作为宝安区新桥街道的一所新校，怎样在学校发

展过程中快速提升教师专业能力，使学校步入内涵式发展的轨道，是上星学校亟待解决的一大难题。反复论证后，我们将青年教师的专业化发展作为学校发展的核心，成立了"上星学校青年教师成长营"。

上星学校青年教师成长营主要面向全校三年内入职的新教师开展，主要目标为培养有理想情怀、有创新精神和实践能力的教师。成长营以三年为一个周期，通过任务与课程，从职业规划、教学实践、教学设计、演讲口才、课题研究、论文写作、参赛技能、综合实践等方面对新教师进行培训。三年培训结束后，学校为达标学员颁发结业证书，不达标者继续参加下一轮。

为了使成长营顺利开展，我们打破青蓝工程、"师徒结对"等常规模式，构建教师发展联盟，让青年教师在课程与任务的驱动下参加研训与实训。

一、以教师联盟为载体

学校以"做幸福教师，育快乐学生"为核心理念，以"上驷云集，星汉灿烂"为文化引领，关注教师职业发展和幸福生活。我们围绕社会责任、专业成长、品质生活三个维度，构建了行政联盟、班主任联盟、学科联盟、项目联盟四大联盟体系，目的是通过形式多样的研训联盟提升教师综合素质。学校将青年教师分派至不同联盟，由联盟负责人对青年教师的思想、工作、生活等方面进行引导与培养。

二、以目标规划为导向

学校科研处牵头制订青年教师成长手册，内容包括三年规划、每学年目标及量化考核评价等。学员根据实际情况规划三年总目标、每年制订当年成长目标及内容，由所在联盟负责人审核通过后交学校学术委员会审核。每学年结束时，由学术委员会对每位学员任务完成情况进行鉴定。三年培训结束，由学校学术委员会对其进行总体鉴定并颁发证书。

三、以课程任务为抓手

"青年教师成长营"主要以常规培训为主，包括继续教育、名师讲座、赴外研学、学历提升、学科教研、课题研究、公开课、论文写作、各类比赛、综合实践等课程与任务。学校将逐步完善研训教一体化的教师自主发展模式、"专业带动、共同发展"机制，以及外出学习和校内外培训等形式，引领教师学习前沿思想、经验，持续提升育人水平。

四、以质量鉴定为评价

学校学术委员会每学年将针对以上内容结合学员工作情况进行评价鉴定，鉴定结果与评优评先挂钩，对表现优秀者优先推荐。三年营训结束后，由学术委员会进行整体鉴定，鉴定结果进入教师成长档案，由科研处统一存档，并作为职称聘任的推荐考核意见。

表面上看，学校为青年教师做了一系列发展规划，其实我们是想通过这些机制唤醒和促进教师的专业发展。目前，上星学校青年教师成长营成员协作共进，一大批青年教师已然脱颖而出。在 2022 年宝安区教育局举办的青年教师教学基本功大赛中，学校共 17 人获奖，其中一等奖 4 名（3 名入围市赛）、二等奖 3 名、三等奖 10 名。此外，还有一批青年教师在各级各类比赛中崭露头角。

叶澜教授说："没有教师生命质量的提升，就很难有高的教育质量；没有教师精神的解放，就很难有学生精神的解放；没有教师的主动发展，就很难有学生的主动发展。"教师发展联盟、青年教师成长营的成立，强化了教师"同伴互助"的意识，形成了学校学习共同体和发展共同体。我们也将继续沿着这条发展之道继续砥砺前行。

★ 省级课题的那件事

　　刚来上星学校，看着面前嫩绿得几乎发亮的天然草足球场时，我就想着：我的足球教育经验又有了落地生根的新地方。一路走来，我所推动的足球教育已经取得了一定的成绩。从全国青少年足球特色学校校长到深圳市宝安区优秀足球特色学校校长，在外界看来，我已经是一位颇有成就的足球教育推动者。不过，我还想更进一步。或许是长期埋头于一线的原因，对于如何将个人实践经验转化为具有普遍意义的理论，我一直找不到出路。

　　直到一个再平凡不过的清晨，我坐在办公室无意间看到了《关于做好2022年度广东省青少年校园足球暨学生体质提升专项课题申报工作的函》，我立刻想到，这不正是我一直所坚持的事情吗？如何让上星学校的足球教育在以往成果的基础上，走出一条不一样的道路？这，或许就是我要找的答案。

　　于是，我找来学校有丰富课题研究经验的人员，一同梳理学校足球教育现状，探讨将其作为课题进行研究的可行性和价值。足足三个小时，我们从学校的足球教师队伍建设谈到校本课程编写，从普及性足球课程谈到精英人才培养，从俱乐部设立谈到竞赛规划，在一番激烈的交锋之后，最终得出结论：学校的足球教育初见成效、特色鲜明，已具备申报课题的条件。

　　由于时间紧迫，我马不停蹄地组建了申报团队，合作分工，准备申报材料。团队里不仅仅有全面领导课题工作的课题组组长，负责一线教学的专职足球教练，更有不同专业方向的体育教师与学校各个部门的负责人，目的在于举全校之力为课题申报提供助力，引领学校课题研究方向，打造重视课题研究的氛围。

　　通过梳理国内外的相关研究，我们首先发现，我国学者围绕校园足球教学、竞赛、师资等方面理论研究较多，但是相对缺乏实证研究；在成人职业方面的研究较多，在青少年足球方面的研究较少；在专职足球学校建设方面研究较多，在校园足球特色学校的研究方面较少。因此，我们根据教育部等部门的相关意见，结合深圳市、宝安区和学校的足球发展现状，将深化体育课程改革与创新、大力普及足球教育、提高学生身体素质列为课题研究的重点方向，以期弥补以上不足，探索一条更为合理的校园足球发展之路。

不过仅仅有方向是不够的，没有理论支撑的课题研究就如同一盘散沙。幸运的是，虽然学校仍处在规模快速扩张的阶段，但是已经拥有了一批具备多样专业背景的优秀教师。经过探讨，在我们看来，校园足球就是以在校学生为参与主体的各种足球活动，通过培养学生的足球兴趣、态度、习惯、知识和能力来增强学生的身体素质，培养学生的道德和意志品质，促进学生的身心健康。体教融合既是新时代我国青少年体育发展的一大重要工程，也是我国教育和体育工作的顶层设计。而要真正实现体教融合，让足球成为学生在校发展的一个重要推动力，学校必须将足球项目看作一项系统工程。

根据系统论的要求，校园足球的构成要素间必须形成一定的层次与结构，并与环境发生关联，产生一定功能的整体；发展体系的整体功能大于各要素或部分要素功能之和。在此理论基础上，我们将"构建具有发展性、指导性和可操作性的新时代校园足球发展体系"设定为首要研究目标，并确定了以下研究方向：

一是校园足球发展的目标、内容、活动方式、评估机制等，形成校园足球的基本制度与活动开展方案。

二是从普及课、提高课、活动课等方面完善校园足球课程体系。

三是分层次组建校园足球队伍，开展校园足球训练与赛事。

全体教师：开展校园足球知识文化普及与培训，凝聚足球共识。

专业足球教师：组织开展足球训练与活动，提高学校足球发展水平。

中高层管理人员：引领、监督校园足球发展方向，评估与改进校园足球开展效果。

制订相应的评估标准，通过多种评估手段，对学校足球发展的实践效果进行评估与改进。

而根据康斯丁治理论的要求，校园足球必须具备多元化的治理主体，增强各个参与主体的交流与互动，同时注重治理过程中的系统协作。为此，我们将"新时代校园足球创新发展模式研究"作为实践的核心内容，具体包括以下几个方面：

1. 立足足球教学研讨

在课程开发期间进行足球为主要教材的展示课，通过上课、听课、研讨等活动，进一步更新学校足球教学与文化思想。贯彻以学生为本、面向全体学生、关注学生的终身可持续发展的教育理念，树立"快乐体育，健康成长"的意识，建立适应时代发展、独具上星特色的足球校本课程。

2. 开展普及性足球课

学校在一至三年级每个班级每周开设一节普及性足球课，落实足球教学课时计划，力图从常态课课程着手，将足球融入日常教学中。同时，将足球元素融入其他课程，比如班会课普及足球知识，语文阅读课了解足球故事与历史；英语课认识足球有名的国家；数学课以足球为主题进行教学；音乐课教唱有关足球运动的歌曲等等。

3. 组建年级、校级足球队

从一年级开始，在常规体育课之上，基于"双向"选择的原则，不限性别，选拔同时具有足球兴趣与相对优胜条件的学生，组成年级与校级足球队，开展提高班专项课程教学，常年坚持训练。为营造浓厚的足球文化氛围，每年体育节安排足球节目，如射门比赛、足球颠球、运球接力等；通过参加一系列足球赛事，检验并增强足球队实战能力。

4. 成立家长足球俱乐部

为加强家校联系，活跃家长文体活动，学校以足球为中心，成立了"家长足球俱乐部"，并选举了家委会主要成员，参与并支持学校足球工作。一方面，足球家委会参与学校足球发展管理，共同商定学校足球发展方向、方式与方法，为校园足球发展出谋划策；另一方面，配合教练组完成学生足球训练的各方面工作。同时，积极组织俱乐部成员参与学校足球活动，例如亲子足球运动会、家校足球联赛等，形成学校、家庭、社会三位一体的足球教育体系，营造良好的校园足球环境。

5. 设立教职工足球协会

学校立足本校教职工队伍，成立了教职工足球协会。在校外，通过组织各种足球相关友谊赛，增进与兄弟单位之间的文体交流。在校内，利用课余、节假日、周末、寒暑假等时间组织教职工足球队与学生足球队、家长足球队的友谊赛，充分激活校园足球运动氛围。目前，学校所有男性教职工全部参加了足球项目。

6. 举办、承办各级各类足球联赛

学校每年以"星运会"为契机，集中开展"校长杯"班际足球赛。比赛

采取五人制，竞赛规则参照国际足联最新的《五人制足球竞赛规则》竞赛规定，全场比赛时间为 30 分钟。赛程安排采用单循环办法，每个班可报名 8—12 人，整个联赛周期为五天，保证做到班班有球队、天天有比赛。学校还根据班级足球赛的活动方案开展家校足球联赛，参赛双方为学校教职工足球队与各年级家长联队。此外，学校还将积极承办校际、区级各级各类足球比赛，推广足球项目。

当然，除了系统研究与模式研究，我们还设计了明确的技术路线，为接下来的课题研究提供了有效的具体可操作的研究思路。终于，在提交申报书的三个月后，我悬着的心最终落了下来。2022 年 11 月 28 日，我们学校"新时代校园足球创新实践探索"课题经上级部门推荐及专家评审，在 2022 年度广东省青少年校园足球暨学生体质提升专项课题申报近百项课题中脱颖而出，成功立项！

我还记得当时的情景，我们的副校长刚得知课题在省里立项，就小跑着上楼来跟我汇报这个喜讯；行政团队听完后，纷纷送上了祝贺。不过，我印象最深的还是主席说的那句话："我们很多老师从教这么多年，甚至是一辈子都没有做过省级课题。"课题研究是为教育教学实际服务的，研究目的是更好地开展教育；而教育，也应该及时"留痕"，让过程有迹可循。立项不是思考的结束，而是研究的开始，我相信，我们一定能在省级课题的引领下，探索出上星学校校园足球发展模式，为每一位上星孩子打上特有的足球烙印。因为我知道，有一片天空，因有思考而明朗；有一种行动，因有研究而充满了理性的力量。

★ 塑造自己，成就他人

做校长之前，我曾在海滨中学做过几年中层干部，任职团委书记和总务处主任；做校长之后，我先后重建或创办了龙井中学、宝安中学（集团）塘头学校、上星学校。我深知宝安教育领域人才济济，做中层干部极具挑战。学校中层干部是落实学校各项工作的桥梁纽带和骨干，起着二传手的作用，一个好的二传手，可以将死球变成活球，反之好球也可能变成臭球。当下，我想回归中层管理者这个角色，来谈谈如何在这样一个位不高、权不重、压力大、挑战多的岗位上，抓住"关键点"来锤炼自己的领导力。

上星学校的中层干部要具备政治意识。我认为中层干部的政治意识首要的是忠诚，忠诚说到底其实是一种做人做事的态度，是一种价值观的认同和选择，是对其所从事的事业拥有坚定的信念。首先，中小学的中层干部要忠诚于党的教育理念，坚持教育就是要"为党育人、为国育才"信仰，把自己平时的教育工作同国家的发展紧密联系起来。其次，中层干部要认同并执行学校的办学理念。上星学校从办校之初就明确提出"做幸福老师，育快乐学生"的办学理念，中层干部要和校领导保持高度一致，在教学过程中、管理工作中不打折扣地执行学校的决议，并努力做好学校开展各项工作的解释工作，团结老师、教育学生，以身作则。

上星学校的中层干部要修炼引领能力。"火车跑得快，全靠车头带。"上星学校日益壮大的教师队伍，尤其是富有活力、激情、干劲的青年教师队伍，更需要一支坚强有力的领导队伍在前面引领——从学科教学到班级管理、日常工作管理等各个方面。我们的团队是追求卓越的团队，引领全校师生积极进取、奋发有为。中层干部在教师面前的行为就是一种职务行为，一言一行

均代表学校。中层干部应反思自己的"可替代性"，可替代性越强，说明工作成效越低，存在价值越小。在日常工作中，特殊的岗位职责决定了中层干部要有较强的管理能力和学科专业素养。管理能力是开展部门工作的基础，要对部门成员和基层老师形成管理示范引领；学科专业素养是中层干部立身之本，是提高个人魅力的必备素养，只有学科专业素养过硬的干部才能赢得教师的信赖和管理的便利。

上星学校的中层干部要具备担当精神。随着年龄的增长，我们的中层干部正处于家庭生活、工作岗位责任越来越重的阶段。但正是这份责任，让我们变得更加成熟和受人尊重。主动承担责任是一名学校中层干部应有的基本素质，是一位干部成熟的标志。学校的中层干部是学校教育教学的一线管理者，是最先掌握学校发展动态的人，他们的责任意识很大程度上决定了学校治理水平的高低。学校的正能量营造、人心的凝聚不仅是学校校领导思考的问题，更是学校中层要去细心培育、用心呵护、暖心行动的重要课题。

上星学校的中层干部要提升执行力。"校长出思想，分管出思路，中层要落实。"执行力是指落实和操作的能力，中层管理人员执行力的强弱直接影响工作效率。提高执行力，首先要真正理解"思想"和"思路"，确保执行文件不走样、执行方案不出错，同时增强时间观念和效率意识，并善于迅速地做出反应，选择最佳的途径和方法；其次要保持与领导的有效沟通，无论领导做出什么决策，努力将其变成最好的决策，这点特别考验中层管理者的综合素质。领导有时候做决策可能没有兼顾到一些特殊情况，在执行当中，我们需要不断地调整，叠加自己的想法，优化领导的决策，同时保持与领导的沟通，共同促成决策的落地。

上星学校的中层干部要永保创新力。我们的校训是"阳光、勤奋、感恩、创新"，创新是学校发展、师生进步的"活水源头"。学校如果没有创新力，势必缺乏生机和活力，只能在守成的老路上蹒跚前行，甚至跌到；中层干部队伍没有创新力，就没有希望和后劲，谈不上成长和进步，工作就谈不上特色发展，进而影响基层老师和学生的发展。创新，首要的是思想观念的与时俱进，要不断学习先进的教育教学理论，吸收兄弟学校的优秀经验，再从学校的客观实际出发，精准把脉薄弱环节，勇于瞄准热点、难点。

　　另外，作为一个中层干部，我们该如何协调同级部门并得到基层老师的拥护？几个注意：拒绝人际内耗，相互支持配合；在理解、尊重、合作、赞美中成为朋友；共享机遇，追求共赢，甘于成就对方；心胸开阔，具有大局意识，把反对派视作磨炼自己走向成熟的力量。杰出的领导者不会利用他人取得成功，他们的目的是共赢。最后，希望上星学校的中层干部，时刻不忘向优秀者学习，管理好自己的时间，分配好自己的精力；抓住机遇，构建有利于开展工作的人际关系，影响和被影响，使自身和他人都能受益。

★ 探寻教师发展联盟

作为一所新校，上星学校的变化堪称日新月异。短短三年，学校便迎来了 1600 余名新生。与之相应的是，学校的教师队伍也不断壮大。从建校初的 13 位教师，到今年众多名校毕业生加盟，学校教师总数也来到了 118 人。经计算，学校教师平均年龄仅有 27 岁，青年教师占比超过 83%。

2014 年教师节，习近平总书记勉励广大师生做有理想信念、有道德情操、有扎实学识、有仁爱之心的"四有"好老师，对新时代的教师提出了明确要求。"谁赢得了青年教师，谁就赢得了学校发展的未来。"对于一所新校，如何尽快提升新教师的专业素养呢？看着教师墙上新鲜的面孔越来越多，我不免有些担忧。他们的教育教学能力怎么样？他们能不能适应从学生到教师的身份转变？他们的心态是否稳定、积极？这些都是我长久以来思考的问题。

好在经过多年办学实践，我形成了一套自己的办法。在我看来，办学主要矛盾就是老师和学生的关系，解决这个主要矛盾先要培养出幸福的老师，然后才能培育出快乐的学生。结合之前的经验，我带领着行政团队系统设计了具有上星特色的教师发展体系。

上星学校青年教师成长营。首先，面向新教师开展三年系统培训，通过任务与课程进行研训实操，从职业规划、教学实践、教学设计、演讲

口才、课题研究、论文写作、参赛技能、综合实践等多方面夯实新教师基本功。其次，立足学校实际，固本培元、精准培养，构建起独具特色的教师培养机制，包括行政联盟、班主任联盟、学科联盟、学段联盟、师徒联盟、项目联盟等立体式教师成长体系，其目的是通过形式多样的研训联盟，促进全体教师的专业化发展，提升教师队伍综合素质。

班主任联盟。学校重视以班主任为核心的全员、全程、全方面协调育人机制建设，重点培养班主任和学科教师在组织活动、班级管理、学困生辅导及转变、家校合作等方面的能力。班主任联盟针对班主任专业能力开展相关研训活动，包括教育叙事能力大赛、星运会、文化节、国旗下展示、主题班会等，启发教师们教书育人的智慧。为提升教师专业能力，联盟积极组织教师参加心理健康教育培训，目标是至少取得国家二级心理咨询师及广东省中小学心理健康教育 B 证、C 证。

学科联盟。学校大力倡导教师合作教研，针对语文、数学、英语、科学、历史与道法、艺术、体育、信息、生地、物化等学科建立学科联盟。联盟主要以学科组、备课组为单位开展，除落实日常的教研活动外，引导教师苦练基本功，并以备课组为单位每学年开展"五个一"活动：阅读一本教育著作、撰写一篇高质量的教学论文、命制一份高质量的试卷、执教一节校级以上公开课、承担一项校级或以上的课题研究。每学期定期邀请区教科院教科研专家到学校进行教研培训，帮助教师快速成长。组织联盟教师研学课程标准，重点督促教师集体备课，要求教师在每一节课的实践中把握新课程理念，落实三维目标，切实提高教学质量和教学水平。此外，还积极组织联盟教师开展教师素养大赛，通过教学设计、命题大赛、赛课等活动，考查教师对课程标准的理解，提升教学能力，同时激发教师专业成长的动力。争取三年内凸显一批专业素养过硬的骨干教师，并在市区及教学比赛中崭露头角。

青年教师联盟。学校注重教师专业成长，遵循教师成长规律，指导不同阶段教师制订生涯发展规划。成立青年教师发展联盟，从基础能力、学科教学、班队建设多方面制订系统的实习计划，编印详细的《实习生手册》帮助实习教师快速上岗；针对青年教师，制订《青年教师发展手册》引导其树立专业发展目标。以两年为周期设定课程及任务，通过外访、内培、科研、比赛等对青年教师进行考核，目的是让青年教师更快地适应学校文化、掌握教学技能、积累教学经验、站稳三尺讲台。

项目联盟。项目联盟是上星学校联盟体的特色联盟，它打破了教师年龄的限制、专业的限制、学段的限制，属于融合与跨界的联盟体。跨界者或处于某一共同体或组织的边缘，或位于共同体及组织之间的重叠交叉部分又拥有不同共同体或组织的多重身份，或在不同共同体或组织之间往来等。由于身处边缘并跨越边界，他们更容易推动不同共同体在信息、知识、实践等方面跨界交流。项目联盟更多的是项目实践类活动，包括：IREAD 联盟、墨海书会、艺术书画联盟、拓展乐活联盟等，旨在愉悦身心、提高品位、健康体魄、拓展特长等，让老师们学会生活、享受生活、幸福生活。

工作之余，我和老师们一同在卡丁车场上风驰电掣，你追我赶，合作取胜，在阵阵轰鸣声中肆意挥洒激情；一同下到田园，摘荔枝、种豆苗、挖野菜，校园楼顶的空中菜园已然成了我们交流心情的另一片天地；一同走进学校功能室，书法、版画、戳戳秀、非洲鼓……我们每个人都展现出文艺天赋。无数次准备下班回家时，学校的许多办公室仍然灯火通明，美术室里欢声笑语、钢琴角琴声悠悠，我想，在这一刻，我们上星教师是幸福的！

开办不到三年，一大批青年教师已在各级各类比赛中崭露头角，共计获得 110 余项奖项。正因为教师素质逐渐提高，才带动学校教育教学质量快速提升。教育大计，教师为本。教师发展联盟是学校为培养教师而进行的实践尝试，作为新学校，我们只能脚踏实地地探索，走出一条上星学校可持续发展之路。

★ 我的团队我的团

2022年上半年，出于对学校未来发展和对全校教师队伍示范引领的考虑，我提交了宝安区第五批名校长工作室主持人的申请材料。凭借多所学校创建经历和多所名校管理经验，我的申请顺利获批。

实际上早在上星学校创校之初，我就在思考如何助力宝安区教育系统人才队伍建设，如何充分发挥校长的引领、辐射、带动作用。党的二十大报告指出"人才是第一资源"，具有十多年教学管理经验的我，深知学校的发展离不开优秀的教学骨干和管理骨干。因此我组建了由23名区内优秀教师组成的工作室团队，在此基础上结合我自身多年的教学管理经验，我拟定了工作室的三年规划。

俗话说："目标决定方向、行动决定结果。"我首先带领团队确定了工作室的发展目标：引领工作室成员学习新的教育理念、教育改革、课程改革精神，着眼"未来学校发展"，从学校顶层设计、学校建设、学校文化、课程建设、教师发展、社会资源调配等方面提高成员对未来学校建设及发展的理解与实践能力。探索未来学校发展的长效机制及治理方式，形成具有特色的管理模式，促进学校高质量发展，并培养具有适应未来学校发展的管理者和名师。

我将三年发展目标细化成可以量化的学年目标和学期目标，具体来说就是每学期组织两次工作室全员集中研习活

陈 伟
名校长工作室主持人
（小学道德与法治）

深圳市宝安区教育局
2022年4月8日

动；每学年举行一次工作室经验总结交流会或全部培养对象的汇报展示活动，并在会上形成本学年工作总结和下学年工作计划；每学年承担一次教师继续教育培训活动，负责一个专题的培训讲座；周期内主持并完成一项区级以上课题研究。

我深知教育是干出来的，不是说出来的。工作室的发展也是一个道理，说得好不如干得好。在深入思考后，我们又拟定了具体的实施路径：

一、以探索未来学校的发展为主线

探索、实践未来学校建设及未来学校发展管理方式，培育和践行社会主义核心价值观，落实"立德树人"根本任务，大力提升学生的核心素养，关注学生终身发展，培养阳光健康、多才多艺并具有城市化、国际化、现代化视野及能力的综合性人才。

二、以三"名"工程为抓手

"名课"工程以"知行合一""兼容并蓄"为原则，与课程改革相结合，通过交流互动打造一批专业能力过硬，有情怀、有担当的教师队伍"名课"。

"名师"工程旨在加强骨干教师培训，通过邀请专家举办讲座、组织骨干教师外出考察交流、举办相关研讨会等，定期开展教师队伍培训。

"名工作室"工程是指通过成立校级名师工作室，引领教师成长，助力学校内涵式发展。

三、以四个结合为载体

一是与学校文化紧密结合。学校将空间建设融入到校园大环境、班级小环境、课程软环境中，努力探索与学生对话的环境创设方法，使"无声的环境"成为"有声的老师"。让校园的每个空间、每个舞台、每次活动都能说话、都在育人，让师生每时每刻都能得到精神的陶冶。

二是与德育工作紧密结合。把培育和践行社会主义核心价值观、传承优秀传统文化、爱国主义教育与德育结合起来，作为新形势下加强未成年人思想品德教育的生动载体，找准切入点，设计符合学生身心发展特点的多样化的实践活动，带动学生践行优良传统美德。

三是与学生活动紧密结合。以未来学校教育为主导，融合东西方文化精髓，以课程、活动为平台，以校园体育节、艺术节、科技节、传统文化节等为契机，寓教于乐，让孩子在美育中健康发展。

四是与科研课题紧密结合。将未来学校发展内涵与课题研究结合起来，把握时代脉搏，站在教育制高点，研究未来学校发展的管理、课程建设、教师队伍发展等热点、难点问题，提出对策，找准着力点，有效地提升办学品质。

工作室开办至今，已初见成效。

一是我主持的"新时代校园足球创新实践探索"课题获得省级立项，是2022年深圳市基础教育阶段首个足球领域的省级课题。

二是输送了一批优秀干部，工作室成员黄立根同志被聘任为宝安区和一学校副校长，上星学校原教学处副主任李紫阶同志被聘任为宝安区罗田小学办公室主任，为宝安教育事业贡献了上星力量。

三是示范引领，在名校长工作室的引领下，尹岳副校长的区级名师工作室、江倩青版画特色教研工作室积极开展各项活动，学校教科研工作也卓有成效，2022年深圳市青年教师基本功大赛入围市赛3人，区一等奖4人。

一所新校取得这些荣誉实属不易。荣誉的背后，少不了全体工作室成员的努力，少不了全体上星人的奋斗。

作为新学校的掌舵者、工作室的主持人，我深感任重而道远，处在深圳这个日新月异的城市，处在粤港澳大湾区的核心地带，教育在这片沃土上也是"一天一个样，天天不重样"，为了做好面向未来的教育，我和我的团队必须迎难而上。

筚路蓝缕，玉汝于成！在全体工作室成员的努力下，我相信我们团队一定可以为宝安基础教育贡献"上星经验"，为推动教育现代化提供"上星思考"。

星"阅"空间，场域育人

——上星学校 3 楼教师阅览室建设

深圳是一个经历四十余年高速发展的年轻城市，上星学校是宝安西部的一颗璀璨明珠，是一所现代化、多元化的学校。

记得有一年开学初，我在课间巡视的时候，看到好几个小孩子坐在地上看书，我走过去问他们："小朋友们，你们在看什么书呀？怎么坐在走廊外的地上看呀？""我们在看绘本呢，我们在学校没有找到阅览室和图书馆，只能坐在这里看。"听完这句话，我久久不能平静。作为校长，我一定要为孩子们打造出最具特色的阅览室，我希望我的老师和学生们能够成为终身的阅读者，这是我义不容辞的使命和责任。

正所谓"近朱者赤，近墨者黑"，阅读更是如此。那么，上星学校该如何给他们提供更好的阅读环境，实现环境育人呢？

基于这些想法和考量，我们成立了以艺术科组为核心的专业团队进行空间设计，设计理念总体是以空间赋能，给公众提供一个多元化的共享空间，目的是激发人

才能量，增强学校灵活性。由于上星学校是一所年轻的学校，教师年龄平均不到 30 岁，老师们非常青春向上有活力，所以偏向于采用轻松的工业设计风格，原生态、绿色，自然、新材料。在寸土寸金的深圳不放过任一寸可利用的空间，该留白的留白，该充实的充实，张弛有度。

同时，它是美感的，每一处都可以潜移默化的培养审美；它是灵活的，阅览室包含阅读区、交流区、展览区，可以满足学校多种功能，教师的科研教研活动、读书沙龙、家校共育座谈会、小小辩论赛、家长阅读课等等；它是对话式的，随处可以撞见教师们学习、交流，更好地满足教师和孩子们多元学习、体验需求，让他们更好地享受阅读和成长的快乐；它是重组的，随时可以支持各种各样的学习态势，向上生长。不仅如此，我们还和宝安图书馆共同合作，打造最高标准的智慧图书馆系列，具有自主借还机，与宝安区的公共图书馆互联互通，通借通还，随时满足教师、学生的阅读需求。很快，阅览室打造好了，这里成了一个沉浸式的阅读体验空间，老师和孩子们每天络绎不绝的前来打卡，红色舞台，摘星阁，茶居，橄榄园，觅境，鱼镜吸引了年轻老师眼睛和脚步……

我非常重视孩子们的阅读量，打造星"阅"空间只是第一步，更长远的，我希望将上星学校打造成书香校园，进而推进"慧读、悦享"的校本课程有序有效的建设与实施。"慧读"是指智慧阅读，即在阅读活动中，孩子在教师的启迪下，学会多向互动地进行多形式、多角度的智慧阅读。"悦享"是指预约分享，即在阅读活动全过程中，孩子能够兴趣浓厚地相互分享或集体分享，感受阅读与分享的乐趣，激发爱阅读、爱分享的情感。我会立足孩子的兴趣和需要，秉持整合教育的理念，力图实现阅读价值的多元化，促进孩子的全面发展。在实践中，通过环境创设、主题整合活动、游戏活动、家校社区合作等路径，推进校本课程有质量的实施。例如，环境创设方面，我设计阅读体验长廊、电子阅书吧、视听阅读区、图画书展示墙、晨间播报等。家校社区合作方面，开设亲子阅读沙龙、图书漂流、阅读讲座、故事义工团、生活标示图等活动。在课程目标准确定位、课程内容有机结合、课程实施路径探索等方面，我们积累了大量的丰富经验。校本阅读课程还在不断的实践探索中，我相信，未来上星学校一定可以满足所有教师和学生的阅读需求。

　　唯创新者强，唯创新者胜。历史从不眷顾因循守旧、满足现状者，机遇属于勇于创新、永不自满者。上星学校是一所创新的学校，是一所发展中的学校，正如习近平总书记在庆祝中国共产主义青年团成立 100 周年大会所说，这是一个伟大的时代，这是一个创新的时代，我也会继续不忘初心，砥砺前行，用创新的精神、务实的态度争做宝安教育的领跑者。

★ 疫情洪流中的上星力量

2023年1月15日，学校收到一封来自深圳会展国际酒店运营管理专班的感谢信。信上写道："唯其艰难，更显勇毅。于伟强同志勇挑重担，冲锋在前，以无畏的勇气，无私的情怀、无我的境界，全力投入到酒店的运营管理和值班值守等工作之中，用担当和责任织密了疫情'防控网'，筑牢了生命'防护墙'。"

看到这段话，令我内心久久不能平静，思绪已然散发开来，疫情开始至今的一幕幕，如同电影回放一般在脑海中铺展开来。

疫情伊始，在上级部门领导下，我们便毫不放松抓紧抓实抓细疫情防控工作。根据指南要求和操作规程，加强健康监测、信息摸排、校园安全、环境整治、物资储备等工作。落实学校、家长和学生在疫情防控中的责任，带领大家科学规范做好校园疫情防控工作。其次，根据上级部门要求，认真思考并做好特殊情况下"停课不停教、停课不停学"工作。

校园工作正常开展，很多事令人感动不已。其中网课途中学校突然停电，新入职的梁泽健老师为了不耽误学生们的网课，端起电脑从五楼飞奔至操场有信号的地方为孩子们继续网课。满头大汗、气喘吁吁，生怕耽误孩子们上课时间。千教万教教人求真，千学万学学做真人。初为人师的梁老师用他独有的方式，在如此艰难的情况下，身体力行地告诉孩子们如何的求真务实。

2022年初，当大家都在沉浸在春节的欢乐气氛时，学校接到流调任务，为保证其他教师度过一个欢乐的春节，全部行政人员主动请缨，首当其冲的揽下第一批次任务并圆满完成。这个过程中，上星的老师们舍小家，为大家的这种奉献、团结的精神让我感动不已，这也恰好是我一直欣赏并提倡的正能量。

　　说到流调就得不提于伟强老师。作为一名市内商调教师，在还不确定是否能够入职上星时，便主动代表上星学校参与流调工作。由于任务紧急，在停车时没有注意位置，被交警贴了罚单。事后于老师毫无怨言，他说："停错位置确实不对，但相对于完成组织交代的任务而挽回的损失，这点不算什么。"话虽简单，但看出他的格局与担当。11月份由于疫情工作需要，上级部门需在学校中抽调一名教师前往会展湾国际酒店进行支援。虽然本学期教学时间短，本身存在着极大的教学压力，教师们也是都在超负荷的工作中，但疫情就是命令，收到通知后，我校立刻召开全校行政会议，讨论派往国际酒店支援的人选。经过大家的讨论，综合各方意见，大家一致决定于伟强老师是最适合的人选。事发突然，原以为还在出差中的于伟强老师会有所想法。毕竟，他刚刚参加完备赛强度较大的青年教师基本功大赛，取得一等奖后还未休整好便又外出公干。但是与于伟强老师沟通后，他明确表示无条件服从学校安排，出差回来后便可无缝衔接。

　　据了解，于伟强老师由于出色的工作能力，在支援期间担任转运调度值班长和代班组长。他主要负责酒店专班与机场、深圳湾口岸的入境人员的转

运；随时处置应急事件；参与组内制度文件修订，甚至需要24小时不间歇地值班。最终凭借着肯吃苦、肯付出的精神与行动，他获得了"服务之星"的荣誉称号，完满完成了党和组织交付的任务，树立了宝安教育先进榜样。这体现了以于伟强老师为代表的上星人在党和国家需要之时，在面对大是大非之时的使命与担当。

我始终认为，无论是校长也好、教师也好，在大局面前更多地应该是想到如何去回馈社会、回报社会，而非趋利避害。作为一名校长，要考虑两个层面。首先需要考虑的是要为大局服务。其次也要考虑，培养具有潜力的老师需要他去经历更多的事情，去承担更多的责任，得到更多的锻炼。只有这样才能帮助他们成长为一名合格的人民教师，才能培养出更多的国之栋梁。

陶行知先生曾说："先生不应该专教书，他的责任是教人做人；学生不应该专读书，他的责任是学习人生之道。"我很欣慰，在特殊时期，我们的老师能够理解并支持学校及政府的各项决定，精诚团结，用实际行动教孩子们做人的道理，在疫情洪流下贡献上星力量。

★ 最美图书馆

　　读一本好书，如低头品茶，让人醍醐灌顶；读一本好书，能跨越时空，与哲人高谈阔论。图书馆在学校中处于重要地位。它不仅是一所学校的形象工程，更是一所学校的灵魂所在。在这样一个充满文化气息的处所，师生们可以陶冶情操、培养气质，提高文化修养，在繁忙的学习、工作之余，一方供人休憩的净土。

　　我从实施素质教育、扩充学生知识面、丰富学生课外生活的高度认识到学校图书馆建设的重要性，倡导以书香打造特色、以书香追求卓越、让书籍点亮人生、让书香溢满校园。

　　我校的图书馆有五美——理念之美、空间之美、课程之美、服务之美、活动之美。作为校长，我尝试为学生打造多元而立体的图书馆，使学生通过图书馆这个平台，点亮奇思妙想的火花，培植精神生命的幼芽，开启通往未知世界的大门，使图书馆成为学生学习的中心、智慧的中心和成长的中心。

　　理念之美——创设多元化育人环境，使阅读成为享受。我希望上星学校的图书馆不仅能给孩子们带来知识，更是他们心灵的栖息地，教育、成长的生命泉。我致力于引导学生学会阅读、勤于阅读、热爱阅读，让师生们与书为伴，与书同行，与书对话。通过建立高质量的图书馆，营造校园浓厚的读书氛围和良好的育人环境，激发全体师生的读书兴趣。师生提升审美情趣和人文底蕴，养成多读书、读好书的良好习惯。

　　空间之美——要想让学生爱上阅读，首先要让他们爱上阅读的空间。我力求将传统与现代完美结合，用富于现代感的建筑设计，传承中国古代书院的精神与文化，为学生创设一个富有文化内涵的读书环境。上星学校图书馆一共分上中下三层，第一层为学生阅读区，包含小学阅读区和中学阅读区，依据不同年龄阶段学生的心理特征规划阅读空间，让学生被书籍包围，享受阅读的乐趣。第二和第三层为教师阅读区和舞台展示区，老师们可以冲上一杯咖啡，听流水潺潺，闻书页清香。各功能区设置合理，符合读者需求，尽显设计之美。

课程之美——构建多元化课程体系，以表达促进阅读。基于上星学校图书馆的多元化功能，教学处构建了一套阅读课程体系，从一年级到九年级，每周都有一节不同形式的阅读课，充分发挥了图书馆作为教育教学第二课堂的作用。我校藏书内容丰富，涉及哲学、科学、教育、体育、文学和艺术等多个领域。学生自由阅读、自主思考、自由分享，在灵动的课程中，探寻中华文化之美。

服务之美——先进的现代化管理系统，优质的借阅服务。我希望我校图书馆能逐步成为融合阅读、科研活动、休闲、心理疏导等功能为一体的多维服务空间。不仅拥有专业的管理人员，不断提升的服务能力，我校还积极探索图书馆的服务新模式，提升图书馆的服务品质，使信息技术功能更便捷，

更新更及时。以丰富的图库书籍，充足的开放阅读时间给予学生更多自由选择的资源和服务，尽可能成为学生学习、教师教学的得力助手，成为促进学生全面发展和推动教师专业成长的重要平台。

活动之美——开展多元化读书活动，让阅读成为习惯。上星学校图书馆不仅为学生提供丰富的藏书和优雅的环境，更要开展丰富多元的阅读活动，以活动激发阅读兴趣，培养学生的读书习惯。在这个校园最美的角落，我校为不同年级的学生组织了"我最喜爱的课外书"演讲比赛、"我是故事大王"讲故事比赛、学生写字比赛等一系列活动，让同学们在这一书一页、一撇一捺中享受光阴，挥洒汗水。

眼睛眺望不到的地方，书籍可以；脚步丈量不到的地方，文字可以。在舒适的阅读环境里静心凝神、细细品读，在良好的阅读氛围中自由思考、畅想古今，学生会发现阅读是一件多么快乐的事情。不同功能分区的三层图书馆让优雅的读书氛围不仅能传递给整个学校浓厚的文化气息，而且可以让学生读书明礼、格物致知。在人生漫漫长途中，我衷心地祝愿每个上星人都能以书相约、以字会友！

尊重生命，家校共育

⭐ "父亲俱乐部"，不让父爱缺位

不知从何时起，男孩变得太文弱，没有了阳刚之气，怯懦、无担当、无正气成了某些男生的标签。这种现象让我很着急，很担心。我想，这一方面是家庭教育中父性角色的缺失，另一方面是社会审美潜移默化的影响。要想让男子汉重拾阳刚之气，需要家庭、学校和全社会的共同努力。

为了不让父爱缺位，我们计划打造"父亲俱乐部"，以多元化的活动为父亲参与孩子教育搭建有效平台；转变父亲的教育观念，让更多的父亲参与孩子教育，让孩子在父亲的陪伴下阳光、独立、健康地成长，形成家校共育的新局面。

搭建"父亲俱乐部"，转变父亲教育理念。随着家庭亲子类真人秀节目《爸爸去哪儿》《爸爸回来了》的热播，"父亲在孩子成长中的参与度"这一话题再度引起全社会的关注与讨论，媒体将父亲这一角色推到聚光灯下，传递了"家庭教育父亲不宜缺位"的观念。我们通过开展"父亲俱乐部"相关活动，为父亲参与孩子教育搭建有效平台，将先进的教育理念植入父亲的心中。

搭建"父亲俱乐部"，健全家庭教育格局。现在流行一句

话："妈妈生，姥姥养，爸爸偶尔来欣赏。"应该说，一定程度上揭示了当今家庭教育现状。据我校调查数据显示，妈妈是孩子早期教育主力军，父亲作为孩子的主要教育者仅占三成。目前，我校20%的教师为男性，孩子始终处于被女性包围的环境，关怀有余、锻炼不足，不利于孩子的全面发展。

面对学校、家庭两方面男性角色及教育格局的不均衡，我们以"父亲俱乐部"为载体，挖掘父亲的教育资源，利用父亲的男性特长及优势，设计丰富多元的活动，促进孩子全面发展，形成家校共育新格局。

搭建"父亲俱乐部"，创设家校共育新方案。童年不应是一场赛跑，而是一场旅行，父亲参与孩子的成长过程不应是"一时兴起"，而应是持续的陪伴。我们依托"父亲俱乐部"平台优势，设计了"跟着父亲进社会""我与父亲同运动""我和父亲庆佳节"等主题活动实施方案。通过加入"父亲俱乐部"，父亲树立了正确的家庭教育理念，有助于孩子健康成长。

"父亲俱乐部"活动方案

跟着父亲进社会	我与父亲同运动	我和父亲庆佳节
深圳图书馆 （感受最美图书馆，文明阅读）	足球俱乐部 （体验与父亲运动的快乐，感知"我的父亲真厉害"）	三八节——感恩知礼庆三八 （我和父亲爱妈妈，感恩孝亲）
爸爸的一天 （深入父亲的工作岗位，体验生活）	篮球俱乐部 （体验与父亲运动的快乐，感知"我的父亲真厉害"）	劳动节——我劳动·我光荣 （培养爱劳动的热情与习惯）
深圳农商行新桥支行 （了解货币知识，体验小小金融家的快乐）	羽毛球俱乐部 （体验与父亲运动的快乐，感知"我的父亲真厉害"）	父亲节——描绘温馨父爱漫画 （感恩父亲）
深圳垃圾处理中心 （了解垃圾分类，培养环保意识）	高尔夫俱乐部 （体验与父亲运动的快乐，感知"我的父亲真厉害"）	五四青年节——热血青年·责任担当 （我与父亲过五四青年节的不同体验）

2021年3月12日下午，上星学校"父亲俱乐部"之父爱随行第一期活动（足球亲子活动）顺利举办。操场上加油声、呐喊声此起彼伏！一个小小的足球，让爸爸走进了小朋友们的世界，大家一起玩乐，一起运动，默契十

足。爸爸背着孩子越过重重障碍后射门，球入球门后下一组出发。背着"沉重"的娃，犹如背着沉甸甸的爱，爸爸们的脸上都洋溢着幸福的笑容！

孩子们在日记中写道：

爸爸的肩膀是我看世界的瞭望台

是他把我举过头顶看世界

爸爸是我最大的靠山

我不怕跌倒

因为爸爸永远都在身后

让我可以勇敢地向前冲！

"父亲俱乐部"，充分挖掘和展现了父亲的资源优势和才能，满足了孩子知识经验积累和身心发展的需要，丰富了孩子的生活，培养孩子坚强、勇敢的个性品质，促进孩子多元化发展。父亲和母亲对孩子的教育意义是不同的，有一种快乐叫"父亲伴我成长"，相信在"父亲俱乐部"助推下，父亲不再缺位，孩子将在父亲的陪伴下快乐成长！

★ 对"弱势"学生的思考

2019年2月，中共中央、国务院印发《中国教育现代化2035》明确指出，办好人民满意的教育是新时代教育的主要目标，而更加注重公平则是办好人民满意教育的重要基础和前提。一个健康、文明、有温度的社会，理应更关注"弱势"学生群体的处境。

"弱势"学生是近十年出现的提法，最初普遍范围限定在高校，实际在中小学中也不乏这样的学生，主要原因是：

一是学生家庭经济困难，学生在义务教育阶段尚能拥有教育资源与机会，但未来发展不容乐观。

在国家层面上，每学年都有针对义务教育学校的资助。在学校层面上，教师充分给予情感支持，避免伤害学生的自尊心；德育处积极举办集体活动，营造阳光向上的校园环境；心理咨询室同步提供心理辅导，缓解学生的困扰和压力。在家庭层面上，通过家访了解孩子的生活环境，鼓励父母尽量营造和谐轻松的家庭氛围，不把工作中的负面情绪带回家，激励孩子多谈在学习和生活中收获的乐趣。家庭贫困的"弱势"学生尽管心理相对敏感，但在国家、学校和家庭的三方协作下，也能在和谐的家校共育环境中较好地发展。

二是学生自身的素质、能力不高，竞争不过其他同学，"弱势"学生多为患有心理疾病和学习困难者。

《中华人民共和国义务教育法》第二十九条规定："教师在教育教学中应当平等对待学生，关注学生的个体差异，因材施教，促进学生的充分发展。"在义务教育阶段，教师必须关注所有学生的实际情况，学校教育应当着眼于全体学生，不让任何一个孩子掉队，我想这是学校教育追求公平、平等的起点。中小学"弱势"学生年龄尚小、思维不成熟，容易产生自卑、焦虑、困惑、空虚的心理，严重者会自闭、偏激、神经质、精神分裂，了解他们的心理特征，是做好该项工作的前提。

面对患有心理疾病的"弱势"学生，"感情先行"是重要的教育智慧。他们特别需要教师的理解和耐心，只有从感情上瓦解"弱势"学生的敌意和防备，才有可能帮助他们重新融入班集体、建立相对和谐的人际关系。在课堂上，有意地给他们更多的机会；在课堂外，创造更多的赞赏空间。每个学生都有强烈的学习和发展的需求，所有的能力都因开发而得到发展，用及时的鼓励去触发学生内心的积极情绪很有必要。例如，通过任命班干部调动"弱势"学生的学习积极性和责任心，参与校内外的各项非学科类活动以望崭露头角。对这类学生违纪行为，既不可纵容也不必严苛，严中有爱，理智处理，否则会使学生产生自暴自弃的逆反心理。

学习困难的"弱势"学生，老师要给予"无限相信"的力量。他们是班级中默不作声的"小透明"，运用教育激励策略提升他们的理解能力和学习能力。我们学校一位物理老师的做法触动了我。初二某班，一名"学困生"对新科目物理存在非常强烈的畏难情绪。心理学家威廉·詹姆士曾说"人类本质中最殷切的需求是渴望被肯定"，让学生丧失自尊、自信和对美好生活热情的教育是最失败和悲哀的。这位物理老师看见了这名学生的敏感和脆弱，从校园午餐陪餐开始，他尝试与学生拉近距离、增进沟通；接着，他常请这位学生协助自己，从处理办公室"杂事"到实验室"助手"，在不知不觉间帮助学生摆正学习态度，这名同学竟对物理实验课产生了兴趣。这位物理老师再因势利导，引导这名学生体验到成功的快乐，当他也发现了自己的价值和优点，笼罩在心头的阴云逐渐退散，这样润物细无声的激励是教育大爱。

教育家苏霍姆林斯基认为，世界上没有才能的人是没有的，问题在于教育者要去发现每一位学生的禀赋、兴趣、爱好和特长，为他们提供充分的条件和正确的引导。在学校的教育教学工作中，教师一定要做好与"弱势"学生"交锋"的心理准备和策略准备：

第一，破冰。"弱势"学生长期被误解，在质疑、批评、惩罚和斥责中一路走来，冰封的心灵需要时间和温暖解冻。这个过程最初都是痛苦的，难免有对峙，教育工作者要充分理解、耐心引导。只有平等对待，去除偏见，建立良性的师生关系，才能敲开他们懵懂的心窗。

第二，唤醒。教育哲人说，教育的本质意味着：一棵树摇动另一棵树，一朵云推动另一朵云，一个灵魂唤醒另一个灵魂。教师要有稳定的情绪和共情的能力，设法唤醒"弱势"学生内部向善、求真的成长力量，积极等待，抓住他们原有思想观念动摇的契机，触动他们的自我反思。

第三，发展。学生不是电脑，输入一项指令后就能永恒正常运转下去，培养"弱势"学生的过程注定充满坎坷。老师要对其可能出现的懈怠和反复有充分的心理准备，强化、矫正、引导"弱势"学生主动内部归因，焕发生命活力。

第四，稳定。当"弱势"学生通过自我调节，有了较为清晰的自我认知和明确目标，能较长时间地控制自己的行为，就是抵达教育转化的终点了。

每个孩子都有人生出彩的机会。一个学校应当肩负起教育责任，从理论学习、案例诊疗、实践教育等多个维度探究有效的教育教学方法，及时把握教育时机，巧妙运用教育策略，灵活处理教育情境，发掘"弱势"学生的积极心理品质，培养"弱势"学生的健全人格。

⭐ 家校沟通无处不在

教育，可能是所有国人都能够产生共鸣的一个话题。

纵观现在的教育，学校教育在一个人的发展过程中，特别是在求学生涯中仅仅占据了一小部分时间，人们多数时间接受的是家庭教育。既然家庭教育的意义如此重大，那么我们应当如何进行家庭教育呢？这是一个重要问题。

随着时代快速发展，教育必然要面向未来，在深圳这样的现代化大都市，社会对教育的期望越来越高，教育从业者面临的挑战也越来越大。因此，学校与家庭相互协作，家校合育、家校共育助力孩子全面发展。

合育、共育的前提是家校之间要建立良好的沟通渠道。当前，家校沟通渠道主要包括家长会、家委会等。但是仅有以上两种显然是不够的，有家长曾向我反馈："孩子在学校读了三年、六年，甚至是九年，我们与班级老师联系、面谈的机会很多，但是与校长的对话很少，有的家长都没见过校长。"我的心里着实不是滋味，不由反躬自省。

对于中国的许多家长来说，孩子就是他们的一切，一切都是为了孩子。当家长将自己最珍贵的宝物送到学校这样一个相对陌生的环境时，内心难免产生焦灼感。他们可能会频繁翻看学校的公众号，试图在其中找到孩子闪光的记录；可能会一遍遍打开班级

群，生怕错过任何群消息。他们希望充分了解学校的办学理念、办学特色、课程规划、校园活动等情况，在宏观上对孩子的发展有一定把握。而在此时，仅仅依靠班主任与科任教师的力量，显然是不够的。只有真正走近我们的家长，才能让家校沟通无处不在。只有校长也参与到家校合育，家庭教育才能走上更高的台阶。

除了家长的两会（家委会、家长会），每周我都会抽空在上学前来到校门口，迎接孩子们到校。多年的教育经历让早起成为一种习惯，这对我来说并非难事。一来看看孩子们的精神状态，二来在坚持向学生打招呼的过程中，以身示范，培养孩子的文明礼仪。许多孩子起初并没有主动问好的意识，在老师和礼仪标兵的带动下，短短几天就能养成良好的礼仪习惯，或许这是"一日之计在于晨"的功劳。

很多家长会到校接送孩子，如果校门口只有值周教师与学生，大部分家长便会匆匆离开，颇有"三过校门而不入"之意。然而，当我站在校门口时，家长们就像找到了一处切口，在与我的近距离交流中，增进了对孩子的了解，发掘孩子更多的可能性，有时我也主动向家长介绍我们的师资队伍、课程设置、校本特色等内容。当我们之间的沟通变得顺畅，学校教育与家庭教育将相互配合、协调发展。

随着国家几十年的教育建设与投入，家长们的水平也在不断提高，其中不乏高层次人才。在与家长们的交流中，我就偶然了解到一些家长拥有非常精深的专业功底，从天文地理到人文历史均有涉猎。因此，我便建议将这些家长请进校来、站上讲台，给师生上上课、开开讲座，举办了"家长博士课堂"。正所谓："三人行，必有我师焉。"既然

最好的老师就在我们身边，我们又何乐而不为？

此外，家委会的建设也是重中之重。作为公办学校，虽然我们拥有较大的办学自主权，但是在这个愈发开放的时代，我们也理应秉承一种更加开放的办学思想，以往"关起门来搞教育"的老一套肯定是行不通的。家委会作为广大家长集体的代表，关乎所有学生及其家庭的共同利益，也是学校与家长之间紧密沟通的重要渠道。因此，我们在校级家委会的基础上，增设了年级与班级家委会，形成了从学校整体到班级分部的三级家委会，为家长联系学校、关心学生搭建最宽广的桥梁。桥梁的一边承载着家长们的诉求，另一边则传输着学校的理念与文化。

第三个方面，家访是一种别开生面的家长会，贵在小而精。我常常跟着

我们的班主任与科任老师走进受访学生家庭。俗话说："父母是孩子的第一任老师，也是孩子永远的老师。"即使是在学校教育如此发达的今天，我们仍然不能忽视家庭对孩子的影响，应当高度重视家

庭教育的重要性。

当我们走进学生实际生活，能够从侧面了解他们的某些习性。除了学习、生活情况，家访也让我们有机会深入到孩子心理状态的根源之地，从而为我们提供了与孩子们高度共情、进行心理教育的可能性。行走在家长与孩子们最熟悉不过的空间，在家庭这样一个温馨而独立的原生空间中，孩子、家长与我们的距离从未如此亲近。因此，几乎每一次家访活动我都会参加。我还给自己设立了一个目标，在上星期间家访超过百分之五十的家庭，希望这个目标不会落空。

学校活动也是家校沟通的一个渠道。教学开放日、运动会、科技节、艺术节、儿童节、传统节日等活动期间，无一例外随处可见家长们的身影。他们或化身教练，指引着队员们在场上激情飞奔；或扛着相机，记录孩子们的精彩时刻；或成为全科教师，托举孩子健康成长。

当我们用课件干瘪地说教着端午节的来历、中秋节的意义、春节的美好习俗时，传统文化犹如空中楼阁，可观而不可感。当家长带领着孩子包粽子、做月饼、剪窗花时，这些传统文化"活"了起来，真实地游走在我们的指尖，直至流淌进我们的心底，镶刻在我们的民族记忆中。许多时候，我们的家长义工队伍已经成了帮助孩子们成长的一支强大的有生力量。

所以，在我看来，无论是家委会、家访，都是家长会的一种，其意义并不在于形式，而在于家校之间无处不在、无时不在的沟通。任其千变万化，力在家校合育。

⭐ 以生为本，健康为先

2018 年 7 月，深圳市出台《关于进一步加强义务教育阶段学生午餐午休管理的意见》，这是国内首次以政府名义出台的学生午餐午休政策，由此拉开了深圳市教育部门主动担当、多措并举解决学生午餐午休问题的序幕。近三年来，上星学校主动落实市、区对午餐午休的要求，随着办学规模的逐步扩大，提供学生午餐午休服务学校规模也日益扩大。全面提升上星学子午餐午休服务水平也成为学校管理的重大课题，我们提出了"以生为本，健康为先"的工作理念，并将该理念落实到午餐午休配餐主体的选择、食材要求、配餐转运、就餐管理、陪餐反馈、午休优化等多维度上，确保我们上星学校的午餐午休工作让学子受益、让家长舒心、让社会放心。

首先，学校建立午餐午休的校级、年级、班级"三级家委"协助制度。学校以开放的工作态度，公开工作措施、直面工作问题，并积极接纳家长参与午餐午休的方方面面，建立午餐午休的家校"命运共同体"。三级家委代表家长作为主人翁，参与午餐配餐公司的甄选。三级家委从审核配餐公司的

资质、了解配餐公司的规模和口碑、现场走访配餐公司的后厨、参与配餐公司的餐食转运、随机抽检配餐公司的食材、商议配餐的单价等多方面把关，确保甄选出来的配餐公司符合学

校、家长、孩子的需求，严把入场关、确保质量关。

此外，学校还建立了午餐午休的行政领导、值班老师、家长的"三方管理"陪餐制度。作为校长，我是午餐午休工作的主体责任人，每天我都会带领学校的行政轮流到各班陪餐，我们的陪餐可以直接掌握餐食的量是否合适、饭菜是否可口、食材是否新鲜，也是向家长、配餐公司和学生传递一个积极能量：学校的管理层是高度重视午餐午休的质量。同时，我们精挑责任心强、耐心度好、细心度高的老师参与午餐午休的管理，并要求管理老师当天也要在班陪餐，积极引导学生就餐和午休，也及时处理班级午餐午休的管理问题。家长的陪餐，我们采用的定期和随机的方式。想了解学校午餐午休的家长，我们都欢迎到校陪餐，用自己的亲身体验了解午餐午休的真实情况。我们也敞开态度接纳陪餐家长的一些优化建议，因为我们和家长的立场是一致的，都希望午餐午休工作做得更好。

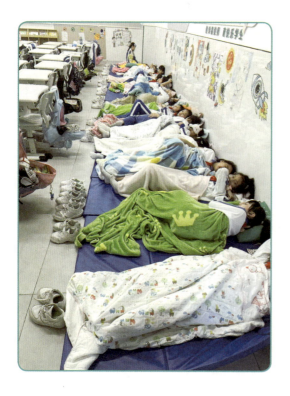

为了能更大空间的挖潜学校场域能力，学校创新性的结合自身优势落实了全员"躺着睡"的午休模式。

在确保午餐健康、卫生的基础上，我们也在思考如何让孩子在吃得好的基础上，也能睡得好。为了做好该项工作，我带着全体行政走访了市区内多所学校，了解到一些是购买了能放斜躺的椅子，一些是配置了可以折叠伸缩的柜子。我们在这些基础上思考这些方式都不太适

合我们学校的孩子，而且也加大了家长的经济负担，我们要结合自身的优势实现"躺着睡"。上星学校的优势就是教室大，我们的教室实际面积能达到近 100 平方米，比一般的教室都较大。我们可以动员家长购买易折叠、好收整、舒适度高的海绵垫，在教室里实现分区分块"躺着睡"。"躺着睡"工程，也经历了前期论证、现场丈量、定制睡垫、分班分级试点、优化策略、全面铺开六个阶段，现已全校铺开。每个教室的面积丈量、分年段顾及孩子身高体型的睡垫定制、分班分级的试点铺开等都体现出上星学校对学子的细心和暖心，都是在确保每个来校午餐午休的孩子能吃得舒心、睡得安心。

　　加强义务教育阶段学生午餐午休管理事关学生健康成长和百万家庭福祉，也是解决城市治理难题、建设人民满意的服务型政府、提升城市综合竞争力的内在要求。我们将坚持"以生为本，健康为先"原则，不断完善学生午餐午休管理机制，妥善解决学生午餐午休这一重大民生问题。

★ 有效家访　共育良策

2022 年 1 月 1 日，《中华人民共和国家庭教育促进法》正式实施，对家庭教育、学校教育、社会教育紧密结合的新教育生态提出明确要求，学校教育不再是一座孤岛，一场旨在构建"家庭责任、国家支持、社会协同"的家庭教育服务体系的变革正在悄然发生。

家访工作需建立长效机制，在我们学校，每学期固定开展一次家访工作，主张"线上线下互联、全员教师参与"的原则，实施"覆盖所有家庭、关注特殊群体"的方案，协调"集中家访、日常家访、全面家访和重点家访"的多样形式。我们积极尝试以家访为课题的研究，打开家访工作新格局，提升上星教育的温度、深度和高度。

作为校方，为达成家校共育最理想、最和谐的状态，仅仅把家长"请进来"是不够的。生活中，许多感人的东西都来自细节，人格浓缩在细节里，大爱浓缩在细节里，我认为一所学校的精神和风貌也通过细节呈现出来，所以我主张校长要主动"走出去"。在上星学校，我常常带着学校的行政领导班子，参与班主任和任课老师每学期的全员家访。

陶行知认为，培养教育人和种花木一样，首先要认识花木的特点，

区别不同情况给以施肥、浇水和培养教育，这叫"因材施教"。老师进行家访，需要走进学生家庭，全面、客观地了解学生的实际生活。只有这样才能做好学校教育，找到适合学生个体发展的教育路径。

我们学校小学部五年级、六年级都有插班生，他们的文化背景、生活习惯、学习能力与本地学生不同。他们如何适应学校生活？能不能听懂老师的课？有没有遇到学习和生活困难？这些问题牵动着我的心，我与家长促膝交流学生情况，了解学生在家的表现，听取家长对孩子的期望和对学校的意见。同时向家长介绍我们上星的办学理念、办学特色和办学成果，让家长更好地了解深圳教育模式，增强家长对学校的认同感、信任感。几十年来，我深深感到，与家长共商育人策略是促进学生健康成长的有效途径。

初中部青春期学生也引起我的重视。青春期的孩子独立意识较强，渴望得到成年人的理解，同时防御意识加重，容易出现心理问题。对行为有偏差、缺乏家庭关爱、心理不健全等特殊类型的学生，学校要重点帮助。与这部分学生家长交谈，要着重关注他们的家庭环境、监护人情况。一方面，对孩子在校的日常表现给予充分的肯定和鼓励，给学生积极的暗示，使他正视并接纳自己的情绪；另一方面，对家庭教育理念有偏差的家长要进行充分沟通，探讨个性化教育措施，有针对性地引导，帮助其树立正确的教育理念，掌握科学方法，自觉承担起家庭教育的主体责任。马卡连科认为："培养人就是培养他对前途的希望。"同时，结合社区、妇联的力量，从专业角度引导孩子身心健康成长。

家访成绩突然下滑的学生时要格外注意方式方法，了解学生的真实困难。很多家长往往只看重孩子的分数，忽视了其他核心素养的培养。尤其是"双减"政策实施以来，家长感觉不适应，初中生完成作业已经到晚上十点半，家长还觉得作业量不够。我在深圳做教育工作，已经四十余年，同时作为一名父亲，我十分理解家长的焦虑。我建议家长不要再增加孩子的负担了，强压作业量不如让孩子多发展兴趣爱好。我带领行政领导班子对家长关注的升学热点问题做好解释工作，对深圳教育改革发展趋势做好宣传。深圳的初中生本来升学压力就比较大，在反馈学生情况时，学习成绩只是一部分，我引导上星教师们更要去关注学生日常的学习方法和学习习惯，观察并反馈学生在学校参与校园活动的情况，多跟家长反馈学生的闪光点，配合鼓励教育。尤其避免成绩突然下滑的学生遭到家长的责骂、体罚，导致学生情绪进一步低落，甚至消极厌学、逃学出走、轻生等恶性后果的发生。

家访后的跟进措施至关重要。家访结束后，班主任要牵头及时整理家访档案，一生一案，一家一策。对需要特别关注的学生，要重点、及时跟进，制定具体有效的个性化帮扶举措，对家访中征集到的意见和建议，教学处、德育处要进行专门的研究，切实改进和反馈。

一场成功的家访，一定建立在呵护亲子关系的基础上。我们学校年轻老师较多，工作责任心强，有时看到学生出现问题会比较着急。我常劝慰这些年轻人，不要急着去教育家长，共情是高效沟通的基础，确认情感目

标，才能更好地解决育人问题。让家长看到学校对孩子的爱，让家长看到孩子的成长，更要让家长看到一个专业教育工作者的风范。

习近平总书记强调"注重家庭、注重家教、注重家风"，家庭教育涉及很多方面，但最重要的还是品德教育，是如何做人的教育。家访应当是一面镜子，能反映出学校和家庭教育在育人过程中的观念及做法是否有效，在充分了解学生心理成长规律的基础上，做好充分的彼此支持，才能更好地呈现出良性、和谐、共育的家校生态。

第五辑

他们说

★ 感恩遇见

六（一）班　周××妈妈

　　时光荏苒，岁月如梭。不知不觉中，小孩已经转学到上星学校学习生活了将近一年半。在这一年半的时间里，我欣喜地看到孩子无论是行为习惯、学习成绩还是身心健康都有了很大的进步。我也很庆幸当初选择了上星学校，给了孩子一个更好的教育成长的环境。下面我想结合孩子的成长，谈谈作为一名家长对学校的认识，并借此向为孩子们的学习和成长付出了爱心和智慧的校领导和老师们表示深深的敬意和感谢。

　　学校创设灵动的运动、艺术、阅读、互动空间，让学校的每一个角落都能充分发挥育人功能。记得第一次作为家长代表参与学校活动，校领导带着我们参观校园环境，展示师生作品的艺术长廊、满溢书香的校园图书馆、设施设备一流的各大功能室、视野开阔的空中运动场等等育人环境，让我们切身感受到学校领导规划学校的用心，也让我们欣喜看到孩子们能在一个这样充满美感、空间感、未来感的校园学习生活。

　　学校构建优秀的教师队伍，用爱心和责任心引领孩子的成长。作为家长，我们最关心一所学校的师资力量和教学质量。孩子在原学校学习成绩一直不错，但是行为习惯不太好，规矩意识较差，性格也比较倔强。作为家长，一开始很担心孩子不能很好地融入新班级。可是转学没多久，孩子每天放学回家都开心地和我聊新的老师、新的同学，其中特别喜欢班主任王老师，特别自豪地说王老师是我们沙井最好的小学语文老师和班主任。在后续的学习中，孩子的行为习惯出现了各种问题，但是经验丰富、智慧满满的王老师总能抓住孩子的个性特点进行引导教育，并及时和我沟通分享教育孩子的科学

方法，减轻了我的焦虑。一年多来，在班主任和科任老师的关怀和努力下，孩子变得懂事，学习也比以前更积极和主动。我们也见证了一个团结友爱、积极向上的班集体，不仅学习氛围浓厚，孩子们的集体荣誉感非常强。能遇到好老师，是孩子的幸运，更是一个家庭的幸运。

学校开设了丰富多彩的社团活动和特色课程，让孩子的个性特长得以发挥，个性得以张扬，"各美其美，美美与共"，让孩子健康、快乐、全面地成长。每次放假，孩子总会说特别想回学校，还是在学校的时候最开心。孩子参加了学校合唱、书法、版画等社团或课程。在合唱社团，他不仅因为钢琴特长收获了自信，更学会了如何和大家协同合作；在书法社团，他不仅感受到书法的艺术魅力，更学会了坚持和谦逊有礼；在学习游泳特色课程后，他从畏难胆小害怕下水到基本掌握这项生存技能，更学会勇于挑战自我；在学习版画课程后，他体验到作品诞生的成就感，更培养了动手能力和审美能力。一个好的学校除了要教会孩子知识，还要教会孩子做人的道理和做事的准则。

　　正如学校校训"阳光、勤奋、感恩、创新"，希望孩子能在这所学校茁壮成长，勤奋好学，懂得感恩，成为一名有创新思维、面向未来的上星学子，相信所有和上星学校相遇的家长们和我一样都能感受到学校教育的美好和温暖。

花开彼岸终有时，人间聚散两匆匆

宝安罗田小学　李紫阶

尊敬的陈校、亲爱的同事们：

大家好！

当今天打开电脑准备"落笔"时，手指停留在键盘上，心中又泛起了离别的忧伤，短暂的相聚，虽然没有惊天动地的业绩，却让感到了真实；大家工作的忘我，让我知道了成功就在于兢兢业业，认认真真；大家工作的热情，激发我更加努力，一个普通的群体，担负了最不平凡的事业。

深深的回忆

2020 年夏天，我在借址办公的"农民房"见到上星的大家长——陈伟校长，畅谈起"幸福教育"的蓝图；每天午休时，大家各显神通，端出拿手好菜，像一家人一样聚餐，其乐融融。两年来，在这个充满活力和希望的团队里，大家勤劳、热情、宽厚的优秀品格和上星精神，一直在深深地感动着我，我将铭记这段难忘的时光，铭记大家给我的关心和支持，铭记与大家建立的深情厚谊。在上星工作的两年，是我人生中难忘的一段岁月。

我们在一起经历了不平凡的两年的时间，留下许多美好的回忆和遐想，建立了深厚的友谊，我向大家学到了许多先进经验，陈校的格局、朱校的儒雅、尹校的对教学的精准把控，行政队伍的同心同德、精干创新都让我受益匪浅，在此我由衷向大家说一声："谢谢你们的一路相伴和指导"。

两年来，我与大家从不相识到相识、相知、相勉，大家朝夕相处，同甘共苦，风雨同舟，为着上星的教育事业，一起担当责任、承受压力；一起殚精竭虑、用力使劲；一起分享喜悦，共庆成功。共同的事业、共同的目标和共同的奋斗，使我们成为很好的同志、同事和朋友，这种情谊成为我一生中最为宝贵的财富，这种志同道合的同志之情比手足之情珍贵得多，这种真诚质朴的朋友之谊比金兰之义要高尚得多。我将倍加珍视并永远记住大家对我的支持和帮助，倍加珍视并永远记住与上星同志们结下的深情厚谊，所有这些给了我工作的激情和创新的冲动，就我个人来说，有过困惑、茫然、劳累，但更多的是欢乐、轻松、自信和坚定，这是上星力量使然，是上星团队赐予。必将成为我今后更加努力工作的力量源泉。

深深的感谢

此时此刻思绪万千，首先感谢所有领导和同事们在我工作两年来的关怀和照顾。时光飞逝，我难忘与大家一起度过的这一段最美好的光阴。这段时光在我的脑海里凝聚成一个闪光的点，特别清晰，领导的谆谆教诲，同事们的热情帮助，大家对我的支持和鼓励历历在目……你们给予我的太多太多，我却做得太少太少，真是倍感惭愧。虽然我与大家分开了，但我们依然在学

校工作，我们的心依然紧紧地相连。所以在这里，我恳请大家在今后的工作中能够一如既往地给我关心，给我支持，给我帮助，给我力量。

我们是一块砖，哪里需要哪里搬。请大家相信，无论我走到那里，我都会铭记上星精神，都会认真敬业、勤勤恳恳，努力搞好工作，不辜负领导寄予的厚望，不给大家丢脸。

深深的祝福

最后祝愿上星学校在陈伟校长的带领下，在全体行政同志们的共同努力下，实现新的跨越，再创新的辉煌！祝愿上星的同志们在今后的工作中做出更大的成绩，取得更大的进步！

⭐ 上师云集　星之所向

实习生　陈琛

"希望大家利用假期多学习多锻炼，多陪家人，祝大家假期愉快！"陈校充满人文关怀的嘱托语重心长，让人倍感温馨，也宣告了期末总结大会的结束。与此同时，我在上星学校一月有余的实习也画上了圆满的句点。

近年来，深圳的教育欣欣向荣，让我对深圳教师这一职业满怀憧憬，而上星学校作为我踏入鹏城杏坛的始发站，在这里的实习经历坚定了我从事深圳教育事业的决心。

还记得一个月前初到上星学校，绿意盎然的操场映入眼帘，风雨连廊的尽头配置了全区教育系统首个室内恒温游泳馆，"屋顶生态园＋空中花园＋下沉庭院"式的垂直绿化体系，我不禁心生感叹：这里的学生和老师可真幸福呀！而后的实习体验也充分印证了我的这一感受。

实习期间，我主要学习三年级的数学教学、一年级班主任工作及招生资料的审核整理。每一项工作都让我对深圳教师这一角色有了更加深刻的体会和理解。

教学方面，学校给予实习教师充分支持，我有幸师从教学处李主任。学校拥有完善的实习教师培养流程，听课渠道畅通，并且大力倡导和组织教师跨学科跨年级听课；搭建校内云平台及组织科组会、教研会帮助教师备课；班级实战上课检验学习成果；名师带教进行课后反思。在这样听课、备课、上课、反思四步走的训练下，领导的指导、同事的帮助贯穿始终，站在三尺讲台上的我也变得越来越从容。

管理方面，学校大胆用人。作为实习教师，我幸运地得到了顶岗一年级班主任的机会，并且德育处古主任全程对我进行一对一指导。小学阶段的班主任工作首要任务是确保孩子们的安全，在此基础上，对学生进行日常行为规范训练，培养学生良好的学习习惯，管理班级纪律。这个过程当中，班主任需要有足够的耐心和爱心，和学生交流时需注意沟通方式，以心换心，以情换情。

招生方面，招生工作事关民生福祉，全校老师都积极投入。学校的招生工作开展得有条不紊，从培训到审核到总结，环环相扣。也正是在这个过程当中，我才明白当老师是一项多么光荣的任务。事关子女教育，家长们都十分重视且积极配合，正式审核时候，审核通过的家长激动溢于言表，需要补交资料的家长尽管面露难色，也都以最快的速度回去重新准备资料提交。虽然同样的问题需要解答很多遍，但是看到家长们渴望和真切的眼神，同事们都总是耐心又温柔地回应。在这样和家长面对面的沟通当中，我理解了为人父母的不易，也下定决心要努力成为一名优秀的老师，以后才能不负家长的信任。

生活方面，学校的食堂三餐美味营养，每周二周四的糖水吃在嘴里、甜

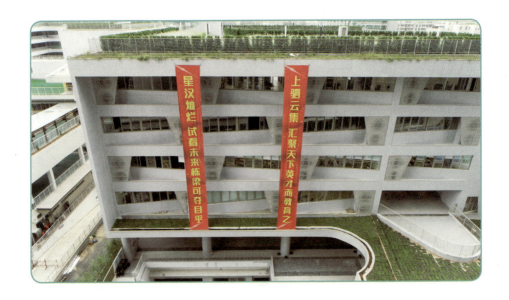

在心里，温暖舒适的宿舍保证了高质量的睡眠。除此之外，有趣的教师团建也为日常的工作提供了满满动力。实习的工作很充实，但是我并不觉得疲惫，我想和这些都密不可分。

上星学校的"未来学校"定位颠覆了我关于学校的传统认知。原来，学校可以集运动、艺术、阅读、互动及实践五位于一体：在这里，校长、老师和学生们一起踢足球比赛，师生关系其乐融融；在这里，孩子们可以学习版画、簇绒；在这里，博士家长的博士讲堂生动有趣；在这里，领导蔼然可亲，教师互帮互助，形成了强有力的青年教师成长联盟；在这里，一颗颗教育新星和未来之星正冉冉升起……

陈校在会上说：一个人也许会走得更快，但是一群人可以走得更远。在上星学校实习的这段时间里，我深深感受到了这一管理理念的魅力。每一次备课，有经验的同事们都毫无保留的指导我；每天夜幕降临，都依然有老师还在伏案工作；每当有集体工作任务，所有的上星人都拧成一股绳齐心协力。

七月中旬骄阳似火，收拾好行李准备离校，回想在上星一个月实习的点点滴滴，感触良多，领导和同事们的耐心指导和帮助、学校无微不至的人文关怀、严谨的学校内部管理，以及团结、和谐、积极向上的工作氛围都让我非常感激。在上星学校的实习经历是我受益终生的财富！

忆往昔繁花似锦

深圳外国语宝安学校　肖斯斯

　　不知不觉离开上星学校半年了，遥想第一次到上星面试时，左拐右拐来到一所酒店的停车场，心中感到疑虑：这附近能有学校吗？那时的我对新筹办的学校毫无概念。我打电话联系王东主席，过一会儿被他接到旁边写字楼的筹备办公室。很快，我成了上星的一员。

　　在筹备办公室的日子挺有趣的，印象最深刻的事情：一是赶上了招生季末尾，第一次接触到招生工作；二是每天轮流做饭，大家兴致勃勃地研究菜谱并做菜，饭后还会玩一会儿狼人杀。方练青主任工作忙，轮到他做饭时，他便请我们去餐厅吃，让我们大饱口福。期间，去过几次学校，那时的学校像是一个工地，工程车进进出出，工人争分夺秒地干活。受疫情和台风影响，直至开学前一两周，学校还是光秃秃的，但也有幸看到了奇迹般的深圳速度。当学校受命 9 月 1 日准时开学时，学校领导立即调动所有力量全力推进校园

建设进度。我们也在泥泞中搬到学校办公，见证了学校从无到有、整装待发。就这样，上星学校正式开办，我们走上各自的岗位。

　　在上星的日子是充实的。虽然第

一届只有 300 个一年级学生和 20 多位老师，但是陈校推行的"做幸福教师，育快乐学生"理念打动了所有人。在第一届班级足球赛上，我们看到一群孩子活力四射地在绿茵场上竞技。老师们也参加了一系列活动。生生、师生、同事之间的感情迅速升温。

在这里，我提升了教学能力，也提升了办公能力。在陈校和学校领导的信任下，我和颜昌旭老师跟着李紫阶主任负责招生工作。学校虽然还不满员，但各项职责都不能怠慢。在完成日常教学任务和教学处工作之余，招生工作确实让我们三个从未真正接触过这项工作的小白无所适从。其规则之复杂、责任之重大、细节之烦琐，毋庸讳言。我们齐心协力，从无到有，攻克难关，想想也是一大壮举。

上星学校有亲切的长辈、德才兼备的前辈、活泼有趣的同事。在陈校的积极带动下，上星乒乓球队无论是单打还是双打，都打得热火朝天，不亦乐乎。我也实现了台球自由，满足了年少时的愿望，很是欢喜。每一次转折都是一次成长，感谢上星学校让我学到的一切，千言万语道不尽，在此祝愿上星越来越好！

第六辑

教研，硕果累累

浅谈集团化办学模式下教师专业发展策略

在国家优先发展教育事业的背景下，中小学集团化办学是通过扩大优质教育资源的辐射范围，带动区域教育优质均衡发展。教师队伍质量直接影响集团教育事业的发展前景。因此，在集团化办学模式下，教师的专业发展具有举足轻重的作用。我校在政府的号召下，积极加入基础教育集团，并在不断的实践探索中，总结出"多维度、活方法"促进教师专业发展。

一、优质教育资源引领教师专业发展

集团优质教育资源，可以快速提升学校教师的专业水平。顾泠沅教授认为，当前教师在学习和培训的过程中，不能很好地转化与应用知识，学习和专业发展有太多横向的互助和支援，缺乏纵向的引领。[①] 教师培训除了要形式多样、内容丰富，专业引领也是很重要的一环。而集团优质教师资源是专业引领。集团可深挖优质教育资源，引领学校教师专业发展。

在集团化办学模式下，师资力量是一个集合体。集团充分利用师资力量，开发本校教研和培训，推行"引进来，走出去"策略。

"引进来"是引进优秀教师，如集团学科带头人、骨干教师、名师等。建立网络交流平台，统筹规划各类教师培训，与高校合作开展的教研活动等可以在网络平台上同步进行，供各校区学习。"走出去"则是指本校教师外派到集团或他校接受培训，以提高自身专业水平。"走出去"是为了带着优

---

① 王洁，顾泠沅. 行动教育：教师在职学习的范式革新 [M]. 上海：华东师范大学出版社，2007.

质的资源返回来，从根基上培养本校教师，带领更多的本校教师提高专业能力。

在集团化办学模式下，我校灵活引进外部力量发展自身，采用"引进来，走出去"策略促进教师专业成长、提高教育教学质量。全方位培训老师，拓宽老师们的视野：定期组织骨干教师到兄弟学校学习交流，每学年平均每位老师外出学习一次以上；聘请集团校区或者兄弟学校的教学干部担任我校教学顾问，邀请街道、区教研员来校指导教学工作。通过以上措施，学校教师思维得到激发，工作能力大大提升。

如集团教育专家解读先进教育理论、骨干教师一对一指导青年教师、立项指导科研课题等，集团共享优质教育资源，起到重要的引领作用。

二、梯度模式促进教师专业发展

校本研修是教师专业成长的有效途径，和谐的环境中可以减少教师专业发展的无助感和随意性，教师针对自身的成长需求，在校本同伴互助中寻求发展。在集团办学模式下，教师必须加快专业发展速度，提高教学水平，校本研修是普及面最广的教师专业提升方式。实现校本研修成为教师专业发展的加速器，要建立健全校本研修的运作机制，完善的校本研修体系，充

分利用集团资源共享的优势，提高校本研修促进教师专业发展的自我生长能力。

校本研修促进教师的专业发展，实现其孵化生长功能，就要确定明确

的培养目标，可以根据教师专业发展不同阶段，教师的发展需求不同，分层梯度培养教师。校本研修可以结合集团、学校和教师实践需求，挖掘教师专业发展的"生

长点"。然后，教师选择适合自己的培养内容和方式，从自身专业发展目标定位，到培训实践，不断提升，就是专业能力发展的过程。

教师设定校本研修目标，即是寻找自身专业发展的"生长点"。学校要重视教师的发展需求，任何不切实际的培训和教研活动都难以激发学习者的兴趣。

我校设计了阶梯式、多层次的校本研修项目，针对青年教师人数较多的情况，推出示范课、模拟课、集体备课、青蓝工程等，为青年教师搭建广阔的发展平台，让不同发展阶段的教师都能得到成长。

在校本研修梯度培养模式下，教师可以自主选择参加不同形式的教研活动，从传统的"要我学"变成"我要学"，从而促进专业能力的发展。另外，这也能有效解决工学矛盾，在一定程度上缓解教师因忙碌无暇顾及提升自我的现状。

每位教师都能在实践中找到自我发展的"生长点"，提升教育教学水平。

三、幸福理念促进教师专业发展

教师的职业幸福感，影响教师专业发展的自我效能感和发展动力。在集团化办学模式下，提高教师的职业幸福感，有利于提升教师的专业发展意识。

教师体会到工作、学习带来成就感和幸福感，也会增加对学校的认同感。我们以具有特色、创新的联盟活动和工会活动为抓手，提高教师的精神境界及发展意识。

教师发展联盟，是我校加入集团后，发现教师成长缺乏引领，所以创造性地组建的教师成长联盟。学校根据教师的兴趣爱好，建立了不同形式的联盟，每个联盟负责人定期组织活动。学校扩建以后，联盟也有了活动场地。联盟组织是以共同的兴趣爱好的教师组建，有运动发展联盟、青年成长联盟、书法联盟、艺术联盟等。活动开展的形式较为自由活泼，主题跟本联盟宗旨有关联，开展的内容可以由本联盟的教师商议。除本联盟的教师准时参与联盟活动，各个联盟也会举行一些活动，邀请其他教师一齐参与，在活动中相互交流，促进教师间的情感交流和价值感的认同。

教师在联盟中成长和发展，提高了学校教师团队的幸福感和凝聚力，为教师专业发展提供了良好的氛围，促进教师之间的交流、沟通与合作。以联盟活动为桥梁，间接促进了教师自我发展的意识，形成积极向上的风貌，教师在幸福感中，体会到工作和学习的快乐。

我们以幸福理念引领教师成长，全力打造奋进、幸福、快乐的校园，用先进的教育理念以及优质的师资力量，在集团的带动下快速提高教师的教育

教学水平。基础教育集团化办学可均衡地区教育水平，增强优质教育资源的引领作用，教师专业水平的发展是提高优质教育资源的关键一步，采取有效措施促进教师

的专业发展，能更好地实现教育集团发展的目标和宗旨。

"问渠哪得清如许，为有源头活水来。"对一所学校来说，教师队伍的活力即是一所学校的"活水"。为此，学校整合各方资源，优先提高教师专业水平，全力开创"活水来"的学校发展新局面。

核心素养视域下学校科创教育品牌建设

科创教育是核心崇养教育的重要组成部分，对培养科技人才意义重大。打造科创教育品牌，学校要做好发展定位，给予体制机制的安排，建构创客课程体系，发挥科创人才的引领作用，挖掘科创教育中的思政元素，善于以评促创，在多方面积极作为。浸润科技之美，点亮科创之光，助力学生全面而个性化发展。

一、精准发展定位，弘扬科创之美

"科学精神"是中国学生发展核心素养结构体系中的重要组成部分。培育科学精神，开展科创教育，培养科技人才，实现科教兴国，是学校肩负的时代使命，也是学校的育人逻辑。开展基于核心素养的科创教育品牌建设，是学校践行立德树人根本任务的应然之需，是学校实现内涵发展的重要举措。

科创教育是促进科学思维启蒙，培养科学兴趣，普及科技知识，增强科

创能力的教育，对推进创新人才的早期培养的步伐意义重大。具有趣味性、活动性、开放性和实践性的科创教育，可以引导学生走向大自然，让他们在嬉戏玩耍

中了解科技知识，发现世界的奥秘；在物理、化学和生物实验中探究现象背后的规律，激发个人兴趣，释放童真天性。在学生眼中，科创教育具有无穷的魅力。

把科创教育列入学校的发展规划学校需要合理构建科创教育的制度设计和机制。为此，深圳市上星学校成立科创教育领导小组，并在校园的育人理念、环境布局、景观设计和教室文化等融入科创教育的元素，引导科创教师基于学情进行教学活动设计，在参与式、启发式和引导式的情境中激发学生的头趣，鼓动学生参加科技制作、小发明、小实验、小论文、项目等活动，在活动中培养动手操作的能力和动脑思维的品格，涵养理性思维、批判质疑、勇于探究等科技素养。

二、开展创客教育，彰显育人之本

依托创客教育，以培养创新意识和实践能力为重点进行课程改革，学校建设个性化、特色化和多样态的课程体系，把国家课程、校本课程、选择课程和实践课程结合起来，优化教育生态，以创客课程滋养学生心灵。

由于学校所在的深圳市是科技创新型城市，高新技术产业较多，为此，学校与几十家高科技企业签署研学实践基地协议，与企业联合开发符合学校实际的创客课程，引导学生前去学习参观交流，实施科普教育和科创启蒙。

另外，学校围绕人工智能、大数据、5G、机器人、物联网技术等内容，开发校本创客课程，把科学课程、信息技术课程、STEAM 课程、思维课程、电脑绘画课程、机器人课程、基因课程、无人机课程、无人船课程、创意设计课程等结合起来，鼓动学生自主参与校本课程的开发，组建科创特色社团，组织学生开展项目式学习、探究性学习、体验式学习等学习活动，丰富科创教育的新样态。

三、聚焦学生发展，善用评价之功

以评价为抓手，既关注学生的发展情况，也关注教育存在的不足，以评促创，以评促学。学校教育的目的是学生的发展，科创教育评价应聚焦学生的全面和个性化发展，聚焦学校科创制度的设计能否满足学生个性化发展的需要，满足的程度如何；聚焦学生能否在科创比赛中实现持续的发展；聚焦学生在后续的学习与科创实践中，能否持续发展核心素养。

为此，学校把发展性评价、过程性评价、表现性评价、延迟性评价结合起来，从影响学生创造力培养的因素、学生科创潜质的挖掘、学生科创心理的发展、科创教育的条件与结果等方面，实施更全面、科学、客观的评价策略；确定评价项目和指标，擦亮科创教育品牌，为学生搭建个性化发展平台。

四、实施人才引领，夯实发展之基

为加快科创教育品牌建设进度，学校建立了教师激励机制，在带队比赛、外出学习、项目申报、经费支出、条件保障、评优评先、职称聘任等方面，

对取得一定成绩的教师给予奖励和表彰，为科创教师的专业发展创造有利条件。

为建设高素质科创教师队伍，打造科创教师人才梯队，学校坚持内培

和外引相结合，招聘相关专业硕博人才，引进在国家级、省级比赛中表现突出的教师，并以项目研究、活动策划、课程开发、成果打磨等形式，推动教师团队"传帮带"，加快教师的成长成才。同时，学校支持在区域范围内有较大影响的科创教师申报各级"科创名师工作室"，助推教师专业成长。学校以培养科创人才、孵化科技成果、传承科学精神原则，建设名师工作室，在资金支持、活动开展、课题申报、作品出版、带队比赛、邀请专家讲座、外出学习交流等方面给予支持。学校还聘请相关科研机构的专家到校兼职授课，邀请从事技术研发相关工作的家长到校开展讲座，开拓科创教育新路径。

五、结语

学校科创品牌是持续积淀之硕果。学校开发了系列主题科创校本课程，打造了创客精品社团，形成了有梯度合理的科创教师团队，并被评为"科创特色学校"，学生在各级科创比赛中表现出色，部分科创成果获得发明专利，学校科创教育品牌日益彰显。

☆ 浅谈教育教学的研究方法及应用

研究方法能集中体现研究思维方式，也标志着学科的发展成熟。随着科学技术迅猛发展，尤其是计算机的广泛应用，教育教学手段也日益丰富。定性研究通过系统经验总结和深刻哲学思辨，使人类积累了丰富的教育智慧；定量研究超越了定性研究哲学演绎和理性思辨的局限，促进了科学和技术的发展。但是定性研究或定量研究的研究视野相对狭窄，要有效解决教育理论研究中存在的种种问题，必须打破对立，实现二者的整合。

一、定量研究

定量研究，也被称为定量分析、量化研究、量的研究、实证分析、实证研究等。定量研究的概念有广义和狭义之分。从广义上来说，定量研究是用数字来说明问题；从狭义上来说，定量研究特指具备一整套的研究程序

和研究步骤的研究方法，通过抽样、数据采集、数据分析，比较不同变量，实验干预手段等，检验了研究对象发展变化的理论假设。

为了得出科学的结论，首先要前提正确，其次是定量分析过程要正确。以工作心理为例，假定情绪劳动的概念是确定的，数字统计的出错就会导致结论不一。在早期的研究中，大多数学者认为情绪劳动是消极的，但随后的研究中，意识到情绪劳动具有积极影响，由此，就要求所有的著书研究应该展现详细的样本定量分析过程，以便以后的研究者在新的判定标准基础上，进行必要的数据修正。因此我们说，不管前提是否确定，都应该公布定量分析过程。定量分析常用于自然科学，但运用到社会科学领域，也应该遵循自然科学的可重复性的规律。研究过程必须经得起其他研究者的验证，做到科学严谨。因此，所有的统计分析必须公布统计标准和统计过程，否则统计结论不科学。

二、定性研究

定性研究与定量研究是传统的科学分类中划分社会科学与自然科学的方法论标准。定性研究从事物整体性、本原性、发展性对问题进行研究，探索事物本质属性。定性研究的哲学基础是建构主义。基于本体论和认识论，定性研究强调主动探索和意义构建；强调主体与客体之间的交互作用，研究者个人价值观对研究结果具有一定干涉作用。

定性研究是对材料进行解释性的分析，从整体观出发，既考察了个体行为，也充分考虑社会文化环境对这些行为的影响，并将研究对象与其产生和存在的环境联系起来。因此，定性研究将一切与教育有关的因素纳入研究范围，全面考察和分析。研究者必须直接参与教育教学过程，采用定性的、自然的、互动的方法收集和分析材料。

三、混合研究方法

定量研究具有一定的普遍性。然而，教育是一种复杂的社会现象，涉及许多个体或小样本群体。尽管定量研究方法逻辑严谨、客观科学，但无论是对大样本中的少数特征做精确测量与分析，还是深入研究教育现象，都受到较大制约。定性研究以观察、描述个体或少数群体的行为、感知和交互活动为重点，能够帮助研究者探寻教育现象中蕴含的复杂规律。实际上，许多研究都会混合使用定量研究方法和量化研究方法，即从定量角度研究教育现象的一般性规律，再从执行角度对教育现象进行深入探究。

例如，探究自制力、父母期待、同伴竞争等因素对学生考试成绩的影响。如果只应用多元回归分析，仅能获得自信心有助于学生提高学习成绩的结论，无法探析自制力能激发学生对学习产生兴趣从而花更多时间来学习。因此，研究者采用收敛并行设计来补充信息量，在研究过程的统一阶段，分别使用定量研究和定性研究方法，采用同等优先级排序，并在分析过程中保持两类方法的独立性，最后混合结果，整体揭示，得出结论。即在一个学期里，通过调查问卷收集有关学生自制力、父母期待、同伴竞争等量化数据，再以该学期中，研究者对部分学生进行谈话，以探究自制力、父母期待、同伴竞争

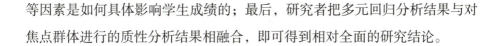

等因素是如何具体影响学生成绩的；最后，研究者把多元回归分析结果与对焦点群体进行的质性分析结果相融合，即可得到相对全面的研究结论。

四、总结

当下，教育领域主张进行实证研究，定量研究方法因其科学特性而被广泛使用。但教育研究的主观性与量化研究的客观性之间的冲突、量化研究的表层化倾向、调研数据的难以确信、部分研究者对"数据"和"高级"统计方法的偏执等都表明，在教育研究领域进行定量研究必须谨慎。量化研究中的教育测量需要还原被调查者最真实的想法与状态，这意味着研究者要忠实于被调查者的选择和测量结果的宽松尺度，对数据的解读保持谨慎的态度。如将量表的数值作为有序变量进行操作与分析，而不是一味追求精确的数字化表达，也许更有利于探寻教育行为和现象背后的现实意义与内涵。

参考文献：

[1]蔡红红．在教育研究中运用量化研究方法的问题与反思[J]．中国高教研究，2020（9）．

[2]樊莲花．我国教育管理研究方法的应用与反思：2013—2018[J]．韶关学院学报，2019（8）：15-19．

[3]吴肃然，闫誉腾，宋春晖．反思定性研究的困境——基于研究方法教育的分析[J]．中国社会科学评价，2018（4）：20-29．

[4]谢美华．浅评定量研究方法及其在我国教育研究中的应用[D]．南昌：江西师范大学，2005．

探究促进初任教师专业发展的学校管理策略
——以"五位一体"校本研修模式为例

当前，深圳市经济和人口规模均处于增长状态，教育发展与人口发展的动态调控机制亟需优化。根据 2020 年《中共深圳市委 深圳市人民政府关于加快学位建设推进基础教育优质发展的实施意见》："到 2025 年，深圳全市新增公办义务教育学位 74 万个，新增幼儿园学位 14.5 万个。"随着深圳学位规模的迅速扩增，大量新教师的入职培养和专业发展成了深圳教育的重要挑战。

教师专业成长是决定教育质量和可持续发展的关键要素。在学校管理者的视角下，教师，是学校发展最重要、最根本的教育资源。而对初任教师的培养，更是优化教师教育资源的重中之重。

一、初任教师所面临的困难、挑战与目标

研究教师专业发展方法，必须首要了解初任教师从师范教育中已获得哪些技能，以及上岗后面临的困难、挑战和全新的发展目标。

尽管当下的师范教育不断强化实践经验的积累，引导师范生面对真实的教学情境。但在新教师上岗后，全新的人际关系和工作情景，依然使他们不可避免地面临着各类适应性问题。

美国学者维恩曼在研究初任教师时，曾提出"现实冲击"的概念。即正式进入工作岗位后，现实环境会与初任教师在师范教育阶段形成的教育理想发成冲击。维恩曼还强调，"现实冲击"是教师在早期职业生涯阶段遇到的

最大挑战与困境，也是职业倦怠产生的原因之一。

结合中国国情，我国学者殷玉新将初任教师的"现实冲击"归纳为以下几个方向：职业期待、工作环境、学生情况、人际关系和理论技能。也就是说，初任教师在入职以后，往往会认为任务、责任远超预期，不擅应对与领导、同事、学生、家长间的关系，并认为所掌握的理论技能不能有效应对实际教学工作。

除此之外，亦有学者指出，我国师范教育仅抓住了教育教学基本技能，重在怎么讲好一节课，却忽略了课堂管理能力的培养。初任教师在把握教育时机、转化教育冲突和矛盾、调节教育行为方面的能力，依然非常薄弱。

由此可见，作为学校管理者，必须思考如何为新教师提供系统化的教师发展平台，帮助新教师走出"现实冲击"，从而适应更高层次的发展目标。

二、校级教师专业发展平台建设的意义

《深圳市教育发展"十三五"规划》明确提出建立市、区、校三级教师

继续教育管理体系，并规定新教师培训需包含师德教育、班主任工作、学科教学案例分析、中小学生心理健康辅导等方面的内容。

除此之外，各区也推出了不同的培养计划。例如深圳宝安区针对0—2年的中小学教师，开展培训周期为3年的"雏鹰计划"。该培养计划为每位学员配备了指导教师，帮助新任教师加快适应学校系统。开展教学基本功和教学技能的培训与比赛，激发新教师的工作激情和创造力。并通过团队拓展训练等方式，培养新教师团队合作能力。

在市、区层面上，丰富多彩的理论研修、实践竞赛类的教师专业发展活动，能为新教师提供富有活力的学习渠道。但教师专业发展是包含了大量现有的、建构性的、协作性的及受背景规限的活动。教师的学习，必须处于他们的教学环境中。因此，学校必须为教师提供协作探究和学习的平台，并设计出一套发展架构，帮助教师汇集经验、分享知识，响应时刻变化的教学要求和环境，从而培养教师的反思性专业发展 [5]。

基于此，学校管理者要着力建设校本研修平台，形成教师专业学习者群体，从而提升学校教师的集体学习能力。

三、以培养初任教师为核心的"五位一体"校本研修模式

（一）"五位一体"校本研修模式的基本框架

当前，国内各中小学开展校本研修的常见形式主要有：师徒结对教研、

备课组教研、学科组专题研究和名师工作室建设等。

通过借鉴他校经验、结合相关理论，我们以"学科领域立足日常教学实践，在反思重建中提升，是促成教师达成新观念、新基本功、新素养，培养教师的专业意识和能力的关键所在"为理论基础，建立了一套"五位一体"的校本研修模式。

具体而言，学校以"学生立场"为原点，将研究学生作为各学科教研的第一步，从教学设计、教学过程实施、教学反思三个方面逐层展开，逐步形成了"团队备课、个人上课、评课研讨、反思重建、撰写文章"的五位一体校本研修模式。如下图所示：

通过实践发现，校本研修的"教学实践"和"反思重建"环节，不仅能帮助教师快速融入学校系统、明确自身定位、提升教学能力，从而快速走出"现实冲击"期，更能激发初任教师从"被动应对"到"自我更新"的转变唤起他们内在主动的发展自觉，学会"反思性发展"。

在此基础上，初任教师们的学习研究能力快速提升，一大批教坛新秀通过参与校本研修成长起来。例如，信息科组的卢老师才三年教龄，目前已经入选宝安区"薪火计划"成员，在深圳市教学技能大赛中荣获第一名，并代

表深圳市参加省级比赛，荣获一等奖。

（二）建设教师研修团队之"领衔教研"制度

我们深入推进"五位一体"校本研修模式，聚焦各学科组的专题研究，建立了各学科、各层级的教师研修团队。通过若干轮实践，我们认为，"领衔教研"制度，是建立系统化教师研修团队的有效举措。"领衔教研"制度的展开方式如下：

为了全面推进校本研修活动，让每一位老师都参与，让各科课堂教学都能扎实开展专题研究，提高课堂教学的实效。在学期初，我们编制了科学而弹性的教研计划，再安排各学科、各年级备课组，实施"领衔教研"制度。

以四年级语文备课组开展领衔教研的校本研修活动为例。备课组共 8 位老师，包括 1 位区级名师、2 位老教师、5 位青年教师（3 位新入职教师）。

备课组老师们团结协作、交流密切，认真按照集体备课、上研讨课、评课研讨、反思重建、撰写文章的"五位一体"校本研修模式层层推进。在提升教研创新性的同时，又能响应时刻变化的教学要求和环境。

可见，备课组领衔教研，是在较大规模学校实施校本研修活动的有效教研方式。如下表，是备课组领衔教研的流程。

四年级语文备课组"领衔教研"计划表

时间		内容
第2周	周一上午	备课组召开集体备课教材分析会议，整理第二单元"提问"阅读策略的教材解读
	周二下午第一节	备课组长在四（2）班上单元导读研讨课，各班按教研备课进度推进第二单元上课
	周五上午	备课组讨论初建教学设计
第3周	周一	备课组二次讨论初建教学设计
	周二上午第一二节	2位新教师试上初建课，邀请专家指导，备课组整理评课纪要，讨论修改教案
	周三	另2位新教师试上重建课，备课组开展小教研活动，修改教案、课件
	周四下午	1位老教师和1位新教师上公开研讨课，开展校级评课研讨活动
第4周	周二上午第一节	1位新教师再上重建研讨课，备课组做领衔教研总结报告
	本周	撰写教学实录、教学反思，整理专家评课纪要、重建教学设计，领衔教研资料存档

学校推动学科组、备课组"领衔教研"制度，让老师们在都有机会参与校本研修活动，并在活动中找到合适的任务与定位。老师们边学习边实践，在常态化的教研中，越来越多的老师愿意加入学习和研讨中来，把学习和研究作为每天工作的必须要做的事情。

在学校管理者视角下，我们认为"五位一体"校本研修模式能有效促进学校教育资源的优化和流动，并具体表现在以下五个方面：

（1）搭建了共同参与的项目式学习研究新平台；

（2）邀请各学科专家贴地式的课堂教学指导；

（3）教师研修团队扎根日常教研的校本研修活动；

（4）借鉴教研组骨干教师的学习研究经验和成长路径；

（5）学校名师和骨干教师团队的传帮带引领作用。

同时，从教师专业发展角度出发，我们发现校本研修模式能有效缩短新教师的新手期，促进新教师的反思性发展，帮助教师们通过更新自身的知识，适应教育改革对教师的新要求。

四、总结与反思

初任教师的专业发展，对学校管理者来说是挑战更是机遇。有学者指出："通过创造多种可能的组织类型，甚至在常规管理体制之外培育非行政组织，是使学校富有活力、为学校成员提供多样化创造空间的重要措施。""五位一体"校本研修模式，正是通过在校内孕育非行政组织，实现对初任教师的培养和学校整体教研水平的提升。

在教育变革时代，学校发展面临的问题将会越来越复杂、多远。因此，学校管理者所需关注的重点，不应是对问题、挑战的预估和规避，而应通过有效的管理手段，建构网络化的学校体系架构、整合校内资源，孵化出有专业学习者的社群，从而使学校成为有集体学习能力的方舟。

参考文献：

[1] Veenman, S.Perceived Problems of Beginning Teachers[J]. Review of Educational Research, 1984, 54(2):143-144.

[2]殷玉新. 新教师入职适应"现实冲击"的评估框架设计与实施思考[J]. 教育发展研究，2015（20）：73-77.

[3]江玲. 当代英国教师职前教育改革及对我国师范教育的启示[J]. 新课程研究，2010（7）：8-9.

[4]黄丽锷. 专业学习共同体：一个校本的教师发展途径[J]. 上海教育，2006（10）：26-27.

[5]熊焰. 校本教师专业发展研修手册[M]. 天津：天津教育出版社，2017.

[6]杨小微，李伟胜，徐冬青. "新基础教育"学校领导与管理改革指导纲要[M]. 桂林：广西师范大学出版社，2009.

★ 学校管理之道

——从打造幸福教师团队起步

一所学校好不好，关键是看学校的管理好不好，学校的管理最终又还是落实到教师管理，而教师的管理就要看校长，校长如何管理才能激发教师的团队的凝聚力、战斗力？下面主要探讨从如何打造幸福教师团队起步，实现整个学校的高效管理。

宋代理学家朱熹在《观书有感》中说："问渠哪得清如许，为有源头活水来。"学生的源头是教师，而教师的源头是学校。一所学校要发展，离不开一支精诚团结、专心干事的教师团队。我们深知人只有生活幸福才能全身心投入工作，只有自己幸福才能带给别人幸福，学校如何提升教师队伍的职业幸福感，这是一个困扰大多数校长的难题，为此，自任塘头学校校长以来，我重点主抓下面三点，全力打造幸福教师团队，促进学校和谐健康发展。

一、坚持营造以"阳光、辛勤、感恩"为核心的校园文化氛围

在学校中层干部中统一思想，在不同场合鼓励全体教职工要以阳光心态面对人生，以辛勤劳动创造生活，以感恩情怀融入社会。阳光心态是教师美好心灵的基础，感恩情怀是教师美好心灵的内涵，辛勤劳动是教师美好心灵的外延。在教职工中树立新典型、传播正能量、适应新常态，让人人内心充满阳光，阴影自然无处藏身。在崭新校园文化氛围引领下，学校已形成了一支和谐奋进、精诚团结的幸福教师团队。全体教职工心往一处想，劲往一处使，学校办学水平提升，办学成果斐然，实现了跨越式的发展。

教职工的幸福感绝不是无源之水、无根之木，仅靠思想上的引领还不够，学校具体以教师联盟活动和工会活动为抓手，全面提升学校教职工的幸福感。

二、教师联盟百花齐放沟通你我

教师成长联盟是我校独创的特色平台，基于学校青年教师人数多，教师成长缺乏引领的现状，学校创造性地开展了教师成长联盟活动。

学校选取具有不同特长的教师作为各联盟的召集人，组织联盟成员定期开展活动。在前一阶段的初步摸索后，学校现在各联盟活动的开展愈发成熟，覆盖面越来越广，活动形式也越来越丰富。上学期学校青年成长联盟开展了"密室逃脱"团队拓展活动、"二维码杀手"舞台剧之行活动、《寻梦环游记》电影沙龙活动；拓展联盟成员化身弓箭手，感受射箭的魅力；读书联盟结合线上线下，开展了各式各样的文化交流活动，如《随黄公望游富春山》——诗歌剧欣赏、邓泰山钢琴巡回演奏会欣赏等；艺术联盟贯通古今，开展了体验古筝之美及欣赏音乐剧《律政俏佳人》等活动。

宝安中学（集团）塘头学校联盟活动统计表

联盟	盟主	活动名称	联盟	盟主	活动名称
IREAD 联盟	谢晶晶	再见，2016！你好，2017！	墨海书会	朱国娴	相约"优阅书吧"
		我的读书故事（一）			一图一心语
		《随黄公望游富春山》——诗歌剧欣赏			聆听　思考　感悟——"永远宠爱"张国荣影迷会
		《酒干倘卖无》——音乐剧赏析			"朗读者"行动：聆听最美的声音
		邓泰山钢琴巡回演奏会			何以解忧，唯有自己——观剧《夏洛特烦恼》
青年联盟	卢思阳	"密室逃脱"团队拓展			美句接龙
		"冬日读书"阅读行动			年末献礼，温情喜剧
		"黑暗旅行"心灵之旅			读书沙龙
		"二维码杀手"舞台剧之行	拓展联盟	古家景	极客镭射之再战巅峰
		《寻梦环游记》电影沙龙			弓箭手大作战
		"奔跑吧，青年！"团队拓展	书画联盟	黄沃汉	陶艺之旅活动
艺术联盟	朱丽媛	体验古筝之美			昆剧之旅活动
		欣赏音乐剧《律政俏佳人》			艺术博览之旅

通过教师联盟活动的开展，教师形象、教师素质均得到了有效提升，教师不仅放松了身心，加深了同伴之间的交流互动，同时还发展了自己的爱好特长，提高了学校教师团队的幸福感、凝聚力、战斗力，得到了全体教职工

的一致好评。目前，教师联盟活动硕果累累，在区内已有一定影响，不断有
学校前来"取经"，成为学校一张靓丽的名片。

三、工会活动异彩纷呈鼓舞人心

为提升学校教师幸福感，学校工会积极开展了一系列工会活动。历次
学校工会举行的活动有教工拔河比赛、教工投篮比赛、教工跳绳比赛等，还
开展了以不同菜系为主题的美食分享活动、每月文体主题活动、各类节日活
动等。

除此之外，工会不断改革创新，联合各联盟开展了一次特别的"快乐齐
上阵"拓展活动。全体教职员工前往海上田园，以联盟为单位开展了各具风
格的活动。其中，教师阅读联盟带领大家开启默契考验，在棋艺对战中彰显
实力；青年成长联盟结合脑力和体力开创了创意狼人游戏；拓展联盟的袋鼠
跳活动也让教师们充分释放了压力，锻炼了身体，其他联盟的活动也各具特

色，欢笑连连。通过这些工会活动的开展，让学校教师感受到团结的力量、合作的愉悦和集体的温暖，同样大大提升了学校教师的幸福感、凝聚力、战斗力。

展望未来，我们充满信心，我们将一直秉承"做幸福教师，育快乐学生"的办学思路，以集团"成人、成才、成功"理念引领教师幸福成长，全力打造奋进、幸福、快乐校园，不断开拓创新，争取勇攀高峰，再创辉煌！

★ 大湾区智能时代下科创与教育融合探索

　　少年强则国强，青少年是国家的希望，是民族的未来。早在几千年前，韩非子就直言墨守成规、故步自封的危害，中华民族遭受的民族劫难更是告诉我们其负面影响之大。现如今我们正处于智能时代，科技创新之主体在青年，青年之发展在教育，而学校作为教育的重要场所需要义不容辞地肩负起职责，并且整合家庭、社会资源，为青年科技创新能力发展提供便利，为国家、民族、社会提供创新型人才。

　　青少年时期是一个人一生发展中的重要时期，包含生理和心理两个方面，也是思维能力、阅读能力、理解能力等快速发展的时期。可以毫不避讳地说，青少年时期个人能力的积淀将为日后接受高等教育以及人格健全成长打下坚实的基础。创新思维能力是多种能力中尤为重要的一种，特别是在 21 世纪，科学技术迅速发展，对各类产品的研发者和使用者都提出很高的要求。而科技创新与教育密不可分，二者相辅相成，教育可以促进科技创新的发展，而科技创新又为教育的发展提供契机。

　　我国已进入社会主义新时期，习近平总书记在党的十九大会议中提到要"弘扬科学精神，普及科学知识"，"坚定实施科教兴国战略、人才强国战略、创新驱动发展战略"，新时期的教育要围绕"培养造就一大批具有国际水平的战略科技人才、科技领军人才、青年科技人才和高水平创新团队"展开。如此可见，科技创新已经成为新时期的重点目标，科教兴国的战略是新时期必须遵守的一个原则，也是国家发展的必行之路。

一、科创教育中学校的地位毋庸置疑

科技创新教育活动是各级学校进行青少年科普教育的一种主要形式。面对创新型教育，学校作为学生接受教育的场所更应义不容辞地担起重任。在新形势、新格局、新背景之下，学校教育不仅要让学生动脑，更要让学生动手，知行合一。以此来丰富学生的各类知识，同时培养学生的实践意识，提升学生的创造能力。

学校要积极引进高质量的优秀教师，不仅能够确保教育质量，同时能够带给学生一场场视听盛宴，激发学生的学习兴趣，为学生的社会实践、创业创新等活动提供专业指导经验。同时注重理论学习与实践学习相结合，带领学生走出理论课堂，将所学知识用创造出来的实际物品展现。这也对学校管理者提出要求，在规章制度、各项条件允许的范围内，为教师、学生的各类实践提供便利。

由学到做，由理论到实际，学校是起点也是连接终点的桥梁。学生进入学校，借助学校提供的纽带作用，做到知行合一，成长为新世纪需要的新型人才。习近平总书记指出："青年，是国家的未来和民族的希望，是社会上最富有朝气、最富有创造性、最富有生命力的群体；青春理想、青春活力、青春奋斗，是中国精神和中国力量的生命力所在。"国家的明天在青年，民族的明天在青年，青年的成长在家庭与学校。学校的重要身份决定了其在学生教育工作中决策的影响力之大，科技创新教育借助学校这个场所方可茁壮成长。学校要积极为科技创新教育提供各种各样的便利条件，将科技教育落到实处，培养国家需要的人才，社会需要的人才。

二、学校教育应与外部教育相配合

青少年科技教育工作不仅仅局限于校园内，也可以向外发展，而科协是学校科技教育合作的不二人选，是培养和提高全体学生科学素质的平台与

载体。学校要及时抓住机会，建立与科协的密切联系。

《中国科学技术协会章程》规定：中国科学技术协会（以下简称科协）以建设创新型国家为己任，促进现代青少年科技素养的积累与发展，并推广与普及科学技术，将科学技术人才的发展放在首要位置，以青少年科技素养的培养为先，主动承担、主动履行普及科学技术的责任与义务，为提高全民科学素养起到重要途径与渠道的社会责任。为此，科协与青少年科技教育工作者正在积极与当地教育部门、学校以及家庭达成合作共赢的意象，希望能通过推广义务性青少年科技教育活动，激发青少年的科学情绪，为我国科技创新发展道理提供新鲜血液。在新时期中，教育部先后确立了"青少年科技教育工作是培养和提高全体学生科学素质的基础工程"战略与"科协青少年科技教育在学校科技教育的基础上开展并为学校科技教育提供有益的补充"。

中国科协主管上百类期刊，同时定期组织各类活动，如青少年科技创新大赛、青少年机器人竞赛等。学校应加强与其的联系，积极参加各种活动，让学生在玩有所得、看有所得的基础上积累实践经验，同时提高自身的创新能力。科协具有先天的信息优势，对学术动态的把握更加及时，同时拥有新的设备与条件，注重趣味性与生活化，切合学生实际与发展兴趣。如此，作为教育场所的学校更应该与科协保持紧密联系，不将学习机会认为是一种不得不完成的任务，怀着一颗积极进取的心，充分利用科协提供的各类资源，

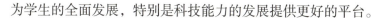

为学生的全面发展，特别是科技能力的发展提供更好的平台。

教育既在学校，也在家庭，更在社会。学校积极向家长传递科技信息，鼓励家长带领学生参观各类科技馆，各类讲座，从思想上重视创新科技。学校也可借鉴其他优秀院校的经验，比如浙江省中学生"英才计划"，将校外科技教育活动作为培养和提升青少年科学素养的重要途径，以及校内科学教育的重要延伸和补充。

三、科创教育在我校的实践

孔子认为君子应兼备礼、乐、射、御、书、数六种技能。韩愈认为："师者，所以传道受业解惑也。"教育者的意识与身份举足轻重，作为一校之长，更是要从思想方面充分认识到科技创新教育的重要性，同时带动全校师生从根本上重视科技创新教育，带动教师在日常教育活动中真抓实干、加强研究和注重实效。

上星学校开展了形式多样的第二课堂，从文学到科学，从人文素养到科技素养，旨在培养全面发展的新型人才。根据学生的年龄特征和各专业的活动主题设计不同内涵且针对性较强的兴趣小组活动吸引学生参与创新实践，让他们真正成为活动的主人。比如我校的3D打印基础班，由学校教师担任主讲老师，培养青少年的实践能力和创新精神，把现代化的科学技术引入到小学青少年教育活动中，激发广大青少年学习、探索、掌握和运用科学技术的兴趣，提高青少年的科学素质。获得第34届全国青少年科技创新大赛深圳市宝安区选拔赛科技发明三等奖。

创客队带领学生学习Scratch、App Inventor、Arduino等相关编程软件的运用，锻炼他们能够组装机器人部件，完成作品的能力。以三个梯队的形式开展活动，基础梯队新学员打好扎实的编程基础，提高梯队的学员则开始从软件编程过渡到硬件拓展中，完成各种项目制作，成熟梯队的学员则着力攻克比赛，自主进行研究和探索。在第34届全国青少年科技创新大赛宝安区选拔赛暨学生创客节机器人现场赛火线穿越项目中，获得一等奖，在深圳学生创客节（2018）暨第 34 届全国青少年科技创新大赛开源机器人大赛中荣获二等奖。从 2015 年至今，累计获得 34 个项目的奖项。

　　同时，我校与家长进行沟通，让具备一定科技知识的家长走进学校，走进课堂，比如家委科技兴趣班，定期选定家长担任主讲老师，为学生讲述无人机操作、科学知识等，培养学术探索科技奥秘的兴趣，将理论融入实践，让学生在实际操作中可以将知识融会贯通。在加强家校合作的基础上整合资源，更是为学生的成长提供了一个不一样的平台。

　　综上，当前教育面临着科创这个巨大的机会和挑战，如何将科创与教育完美融合，如何提高广大青少年对科学、技术、工程、艺术与数学，即 STEAM 教育的兴趣，我们还需要深入思考。学校、家庭、社会，教育工作者、父母都是探索过程中的参与者，只有相互配合，才能培养学生的创新精神、实践能力、团队协作精神和人文情怀精神，充分发挥学生主观能动性和思维创造性，使学生逐步形成科学的世界观和方法论。

后记：新时代，新征程

当前，深圳市正处于加快转变经济发展方式的关键时期。肩负着中央赋予深圳经济特区新的历史使命，正实现着从"深圳速度"向"深圳质量"的跨越。面对新的机遇和挑战，加快教育发展，提高教育质量，是广大市民的共同期待。因此，深圳教育的改革和发展势必要着眼于市民群众的现实需求，着眼于改革开放和科学发展的长远需要，着眼于全国、全省教育改革发展的大格局，着眼于国际教育发展的大趋势。宝安教育作为深圳教育的大后方，理所当然地将担负起时代的重任。

随着"滨海宝安、产业名城、活力之区"三大战略的实施，宝安的人口吸附力增强。特区一体化之后，工作在区外居住在宝安的"职居分离"现象进一步导致学生数量快速增长，基础教育学位尤其是公办、优质学位供需矛盾更加突出。因此，宝安区教育未来几年也将主要以办好人民满意的教育为宗旨，围绕保障供给和优质均衡的目标，推进教育城市化、信息化、国际化、现代化建设。因此，在新时代的引领与推动下，作为宝安区"十三五"重点建设学校，区教育主管部门对新校提出了殷切希望，要求我们积极探索，大胆创新，将学校办成特色鲜明、成绩显著的引领性、示范性的九年一贯制学校。

上星作为一所新建校，学校具有新建校的天然优势，学校环境、硬件设施配备设计标准高，师资力量配备强，现代化程度高，易得到全社会的关注，具有新建学校高起点的优势。同时，学校位于宝安区经济社会发展的成熟片区，海陆空交通便利，经济社会发展势头良好。经济大发展和社区居民对学校的高期望、高支持，有利于学校开展各项教育教学改革，也提升了未来人们对于学校办学定位的预期。然而高起点的学校，必然迎来各种挑战。这就要求学校要树立高目标、高品位和高标准，以"务实创新"为宗旨，全面深化改革，使学校走向新征程。

学校建筑创新——为学校课程扩容

上星学校总投资 3.6 亿元，总占地面积 21173 平方米，总建筑面积48336 平方米。学校总办学规模小学 36 个班，初中 12 个班。在这里，"创新"从校园建设之初就开始了。学校创新设计了多个室内多用途空间，即使雨季来临，也能为师生提供丰足的活动空间与互动式教学场地；学校配置了全区教育系统首个室内恒温游泳馆，将成为学校实行"生命教育"的主要基地；通过"屋顶生态园＋空中花园＋下沉庭院"式的垂直绿化体系，构建了宝安区第一所跳跃式、园林式、花园式、立体空间布局校园，让身处其中的师生随时随地纵享"绿色好心情"，为学生课程的开设提供了更多更好的场

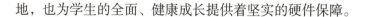

地，也为学生的全面、健康成长提供着坚实的硬件保障。

课程设置创新——为孩子成长摆渡

除国家课程外，学校共开设"素养"课程70余门。其中物理项目实践课程、历史人物16讲、生地项目实践课程、阅读课程、家长博士课堂、运动系列课程（足球、网球、空手道、游泳）、班级合唱、"2+3"课程、版画设计、书法篆刻等已经形成校本特色。此外，在宝安区教育局制定并下发《宝安区义务教育阶段学校课后服务实施方案》后，上星学校以开展课后服务为契机，以"尊重学生体验"为宗旨，开发校本资源，统筹安排社团活动、素养课程及阳光体育，注重学生全面发展的，助力学生个性化成长，培育未来之星。如今，上星学校已形成"5+3+1"的课后服务制度。"5"即每周5次学业辅导，减轻学生家庭作业负担；"3"即每周3次社团训练、素养课程，拓展学生兴趣爱好，培训学生个性特长；"1"即每周一次阳光体育，丰富课外体育锻炼，增强学生体质健康。此外，游泳、足球、网球、空手道等体育运动类特色课程已成为学校常规课程；以项目养项目模式已成为学校办学品牌。

教师培养创新——为教师发展助力

除了创新的核心文化和新颖的活动，上星学校全新的职工福利与关怀也独具特色。上星学校为教职工提供了全方位的关怀，不仅增进职工的身心健康，而且营造以"阳光 勤奋 感恩"为核心的文化氛围。乒乓球、足球、万人长跑等比赛强健体魄、也增强了教职工团队的凝聚力；写春联、猜灯谜活动丰富生活、传递美好：教职工生日的礼品卡、春节时校长亲笔书写的贺卡，都包含着浓浓情意温暖了教师的心。2020年春节，学校特地为因疫情留深的教职工制定了"暖冬计划"，举办的游泳运动会、凤凰山交流、元宵节猜灯谜等活动，既慰藉了思乡之情，也让教职工在交流中不断成长。

勤研以善教，指导以致远。要实现高质量办学，除了丰富的实践活动、创新的课程规划，更需要强大的教师教学力量。因此，上星学校把加强教师素养放在突出地位，学校成立了教师发展联盟，建立了"一体（师德修养为主体）三翼（教学能力、研究能力、专业能力为翼）"的教师专业发展体系。同时，还专门编制了《上星教师专业成长计划》和《上星学校青年教师成长营方案》助力教师发展。

德育方式创新——为家校共育赋能

五育并举，德育为先，德育工作是学校工作中首要且根本性的工作。虽然开班设学仅一年多，但在"处处皆德育，人人是德育工作者"的理念指引下，上星学校的德育工作以"星艺节""星运会"和"星语节"三大节为核心，举办了一系列特色鲜明、精彩绝伦的校园活动，亮点频出、百花齐放，获得了学生、家长的广泛赞誉及社会各界的高度好评，开创了立德树人的新局面。

"校长杯"足球赛，百余名足球小将热血沸腾、你追我赶、奋勇拼搏、坚持不懈，在争夺足球与冠军之时，也是在追逐自己的少年梦想！此外，上星学校还着力搭建更加紧密的家校关系，开创性地举办了"父亲俱乐部""家长博士课堂"，通过父子足球赛、亲子接力赛、家长当老师等系列活动，有意识弥补长期以来父亲在家庭教育、家校沟通中的缺位。创新班会教育工作，利用校园红领巾电视台，结合每周教育动向与校园实事进行主题播报，有力拓展班会活动的广度与深度。

风起正是扬帆时，不须扬鞭自奋蹄！我想，全体上星人必将以"归零"的心态、"赶考"的状态、"奔跑"的姿态，在新的征程中不忘初心，砥砺前行。